Christian BALICCO

I0011087

Pour en finir avec
le harcèlement
psychologique

Éditions
d'Organisation

*Je tiens à remercier très vivement tous ceux qui
ont eu la gentillesse de relire mon manuscrit,
d'avoir investi de leur temps et de leur énergie.
Veuillez trouver ici le témoignage de ma gratitude
et de ma profonde reconnaissance.*

*Mes remerciements s'adressent en particulier à Luc Chailleu,
sociologue, et à Mireille Gaucherand, psychologue.*

*Je remercie également toutes les personnes
qui m'ont permis d'écrire cet ouvrage.
Puissent-elles être remerciées pour la confiance
qu'elles m'ont témoignée.*

L'auteur

Seul un être épanoui peut faire du bien
(Proverbe bouddhique)

Sommaire

Première partie

Comprendre

Le harcèlement n'est pas un processus inéluctable. La description
que nous en ferons accompagnée de nombreux exemples
concrets, permettra de comprendre pourquoi et comment
il se développe. C'est à cette condition qu'il sera ensuite
possible de le prévenir, de le gérer ou de le neutraliser

Deuxième partie

Agir

Cette série de conseils met l'accent sur l'importance de la prévention
mais aussi de la gestion du harcèlement. Ils aideront la victime
à se défendre comme ils permettront aux dirigeants
de le neutraliser

x

Témoignage
L'expérience de Virginie R.

Ce témoignage est celui d'une jeune femme que nous avions suivie, il y a quelques années. Prévenue par une de ses proches que nous allions publier un ouvrage dont le thème était consacré au harcèlement, elle nous avait spontanément contacté afin de nous proposer son témoignage.

Voici donc l'expérience de Virginie R. :

Hiver 95, après un parcours professionnel satisfaisant, je décide de donner un nouvel essor à ma carrière en changeant de société. Quelques semaines plus tard, j'intègre donc une nouvelle structure pleine d'enthousiasme et de projets d'avenir dans un poste de commerciale. Les six premiers mois se déroulent dans d'excellentes conditions. On me confie des missions de plus en plus importantes et ma hiérarchie souligne la qualité de mon adaptation aussi bien au niveau de mon poste qu'au sein de l'équipe.

Tout va donc pour le mieux jusqu'au jour où un des membres de la direction décide d'intégrer une personne supplémentaire à l'équipe en place. On me fait comprendre qu'il serait de bon goût que je délègue une partie de mes responsabilités pendant quelques temps à cette nouvelle commerciale. Progressivement, on lui offre mon bureau jusqu'à ce qu'elle finisse par l'occuper plusieurs jours par semaine.

Devant cette façon de procéder, je m'insurge et je demande à mon responsable des éclaircissements. Il ne me donne pas d'explications bien convaincantes. Je me tourne alors vers son collaborateur qui est mon responsable direct. Celui-ci me rassure en m'expliquant qu'il a d'autres

projets pour moi, ajoutant au passage, que ma situation n'est que tem-
poraire. Il en profite pour me rappeler les perspectives d'évolution dont
nous avions parlé lors de mon recrutement.

Rassurée, je ne le suis guère. Comment vais-je réussir à atteindre mes
objectifs ? Ceux-ci ont, en effet, été calculés pour une commerciale
expérimentée travaillant à temps plein. Or, j'ai un peu plus de 6 mois
d'expérience dans cette société et je dois pourtant les atteindre mais
sur une période de temps réduite de moitié ! Je questionne mon
responsable : pourquoi mes fonctions commerciales, pour lesquelles j'ai
pourtant été recrutée, sont-elles progressivement en train de
disparaître ? Je n'arrive pas à obtenir la moindre explication de sa part.
On m'enlève progressivement mes responsabilités commerciales, pour
me confier désormais de nouvelles tâches qui ne relèvent plus de mes
compétences et qui consistent notamment à classer des documents et à
répondre au téléphone. D'un poste à responsabilités, je me retrouve
ainsi à exécuter un travail basique qui n'a plus rien à voir avec celui
pour lequel j'avais été recrutée. Dans le même temps, mon chef de service utilise à mon égard de fort curieuses techniques de management.
Personnage pointilleux, il se met soudain en charge de tout contrôler,
ne manquant pas une occasion de me faire des remarques désobligeantes sur tout et sur rien. Quand il ne sait plus quoi critiquer il s'attaque à
mon écriture, voire à ma coiffure où à ma façon de m'habiller. Son jeu
favori est de m'humilier devant mes collègues ou les clients. C'est
d'ailleurs là où il se sent le plus fort. J'ai l'impression d'être une moins
que rien quand il s'adresse à moi tant son ton est hautain et dédai-
gneux. J'en viens même à éprouver même une certaine honte et
j'avoue qu'à cette époque je n'avais pas le courage de réagir. D'ailleurs
en avais-je le choix ? Personne autour de moi ne voulait m'aider et ce
n'est pas sans raison. Ce responsable était connu de tous pour ces
« coups de gueule » et ses violentes colères et personne n'avait envie
d'être la prochaine victime ou son bouc émissaire.

Peu à peu je commence à me replier sur moi-même. Mon dynamisme et mon engouement d'origine font bientôt place à un malaise constant et je me sens de plus en plus mal dans ma peau. Je ne me reconnais plus et je me sens tout doucement sombrer dans une sorte de pessimisme constant. Bientôt, je me mets à douter de mes compétences professionnelles et même de mes qualités personnelles : je me prends pour quelqu'un de « nul », je ne me sens plus bonne à rien. Je me remets pourtant en cause en essayant de travailler encore plus que d'habitude et de le faire encore mieux. Quelle que soit la qualité de mes efforts, à chaque fois, ils sont brisés par des observations incessantes et méprisantes. Le comportement même de mon responsable est déconcertant : il ne pose plus les dossiers ou les documents sur mon bureau, il me les jette.

Étrangement, certains membres de la direction commencent également à afficher la même attitude de mépris à mon égard. Parfois, on fait mine de m'ignorer : on ne me serre plus la main le matin et si cela arrive parfois, on le fait du bout des doigts sans même me regarder. Parfois, on me tourne le dos. On continue à me confier des tâches de plus en plus ingrates en m'expliquant que mon profil est tout à fait adapté à celles-ci. Je n'ai même plus la force de réagir et je me sens sombrer de plus en plus.

Au bout de quelques mois, les premiers symptômes physiques font leur apparition. Ils ne font qu'entériner la souffrance morale que je ressens depuis déjà quelque temps. J'ai constamment mal à la tête, j'ai des vertiges, je suis incapable de me concentrer et, surtout, je n'arrête pas de perdre du poids. Je consulte mon médecin qui diagnostique un début de dépression mais qui relativise ce qui est en train de m'arriver au travail. Les antidépresseurs ne me font aucun effet. Il me met en arrêt-maladie plusieurs fois de suite. Je n'arrive plus à faire surface. C'est à ce moment-là qu'une de mes amies me conseille de contacter un psychologue qu'elle connaît, Christian Balicco, un spécialiste de l'entreprise et un homme de terrain qui me reçoit en consultation. Rassemblant

XV

mes forces, je fais le déplacement pour venir le voir à son cabinet. Fort heureusement nous habitons la même région.

Son expertise de la situation permit de mettre à jour la dimension perverse de mon entourage et d'accéder ainsi à une véritable prise de conscience de ce qui se passait : ce n'était pas moi qui était en cause comme je le croyais mais bien certaines personnes de mon entourage et l'une d'elle en particulier. L'écoute bienveillante de ce psychologue, ses conseils avisés et son soutien eurent un véritable effet réparateur sur moi et me firent regagner cette fameuse estime de soi que j'avais perdue et dont j'avais tant besoin pour agir.

Soutenu et encouragé dans ma démarche, il me fut dès lors possible — après un véritable entraînement — d'intervenir de façon ferme et déterminée auprès des différentes instances concernées. Et contente de voir enfin les agressions et les mesures de restriction disparaître, j'obtins également à terme, un changement d'affectation à l'intérieur de l'entreprise qui fut pour moi un symbole de renouveau.

Je tiens à remercier tout particulièrement Christian Balicco, sans qui je n'aurais jamais pu sortir de la situation dans laquelle je m'enlisais jour après jour. Sa bienveillance, sa chaleur humaine ainsi que ses précieux conseils et sa préparation psychologique et comportementale m'aidèrent à prendre du recul afin de pouvoir réagir. Ce travail me permit d'observer mon environnement avec une meilleure objectivité et de voir des choses que j'étais incapable de voir auparavant. Cet accompagnement m'offrit la possibilité d'agir afin de desserrer l'étau qui se refermait sur moi et qui visait à m'anéantir.

Victimes ou témoins, le harcèlement n'est pas une fatalité : je l'ai découvert au cours de cet accompagnement et j'ai voulu témoigner qu'il était possible d'agir pour le plus grand bénéfice !

Virginie R.

Introduction

La question du harcèlement – et de son intérêt récent dans notre pays – ne doit pas laisser croire que ce type de comportement est récent. Il est fort possible, en effet, qu'il ait toujours existé mais sans doute le désignait-on d'une autre façon. Ainsi, on en retrouve des traces dès l'antiquité dans les relations entre le maître et son esclave mais aussi pendant toute la période du Moyen Âge dans les rapports existant entre le seigneur et ses serfs. Plus près de nous, pendant l'ère industrielle, on retrouve des comportements similaires entre « petits chefs » et ouvriers, un phénomène qui semble perdurer au sein de certaines organisations. On peut donc supposer que le harcèlement au travail doit exister depuis que les hommes travaillent ensemble avec une différence tout à fait fondamentale : si autrefois, une majorité d'entre-eux pouvait « accepter » ce type de comportements – avec toutes les limites que suppose cette notion « d'acceptation » – ce n'est plus du tout le cas actuellement, du moins du côté des victimes et des témoins, même si ceux-ci ont encore tendance à rester, la plupart du temps, passifs ou silencieux.

Si la notion semble relativement récente, il n'en demeure pas moins que différentes personnalités s'étaient pourtant intéressées à cette question depuis fort longtemps. Ainsi, en 1976, le psychiatre américain C. M. Brodsky avait déjà introduit cette notion de « *harcèlement* » chez des ouvriers et en avait clairement identifié les conséquences néfastes sur leur santé. En 1984, un spécialiste des émotions et du stress, Richard Lazarus,

introduisait également en psychologie du travail la notion de
« *bullying* » pour parler de personnes « *brutales ou tyranniques* »
dont le comportement consistait à humilier ou à brimer constamment leur entourage. Il expliquera quelques années plus
tard que ce type de comportement comme tous les ennuis auxquels nous sommes confrontés quotidiennement, peuvent être
la source la plus importante de stress[1]. Dans les années 1980,
un psychologue professeur à l'université de Stockholm s'intéresse aux différentes formes de harcèlement au sein des organisations et introduit un nouveau concept : celui de « *mobbing* ».
En 1993, il publie une version vulgarisée de ses recherches
dans un ouvrage qui sera traduit en français mais qui, malheureusement, aura un faible retentissement auprès du public. En
1998, la psychiatre Marie-France Hirigoyen poursuit le travail
de ses prédécesseurs et qualifie de « *moral* » le harcèlement
auquel elle fait référence.

Comme l'ont montré nombre d'éthologues[2], il semblerait que
ce type de comportement soit étroitement lié à la constitution
du groupe mais aussi aux modalités de son fonctionnement.
Nous aurions donc, d'un côté, les dominants qui seraient une
minorité et de l'autre côté, les dominés, les plus nombreux ;
Les premiers ayant tendance à exercer leur pouvoir ou leur
autorité sur les seconds. En tant que consultant en Ressources
Humaines et psychologue de terrain, nous avons souvent été
confronté – en tant qu'observateur – à ces différentes formes
de violence au travail dont certaines ressemblaient étrangement à la fameuse « *psychoterreur* » à laquelle H. Leymann faisait référence. Quand on connaît bien une organisation pour
laquelle on travaille depuis des années – et que l'on est extérieur à celle-ci – il est relativement facile de repérer quelles

---

1. Lazarus R.S. (1990), « Theory-based stress measurement ». *Psychological Inquiry*, 1, 3-13.
2. Spécialistes des sciences du comportement en milieu naturel.

sont les victimes de ce type d'agissements comme il est tout aussi aisé d'identifier quels sont les agresseurs potentiels ou non. Quand les personnes – harcelées ou non – vous connaissent et qu'elles savent que vous êtes extérieur à leur entreprise, elles ont tendance à se confier beaucoup plus facilement à vous qu'à certains responsables appartenant à leur propre organisation et dont c'est pourtant la mission. Elles ont également tendance à s'exprimer de manière plus libre et parfois, beaucoup plus intime aussi quand elles savent qu'elles ont affaire à un psychologue avec lequel « *le courant passe bien* ». Dans certains cas, il nous est pourtant arrivé d'intervenir directement auprès des responsables de l'entreprise – quand ceux-ci le demandaient – afin de les conseiller sur certaines conduites à tenir. Dans d'autres cas, devant la gravité des faits, nous nous sentions contraint de les sensibiliser à ce problème : la stigmatisation de la victime par son entourage, l'aveuglement – ou le déni – de certaines personnalités de l'entreprise, ne nous laissaient pas d'autre alternative. Il s'agissait d'une question d'éthique et de responsabilité, des considérations que nous aurons l'occasion de développer dans le cadre de cet ouvrage. C'est à partir de ces différents témoignages mais aussi de ceux recueillis, à l'extérieur de l'entreprise, au sein de notre cabinet, que nous avons construit ce livre.

> ## *Le harcèlement n'est pas une situation inéluctable.*

Quoiqu'il en soit, notre expérience nous a permis d'identifier deux phénomènes majeurs. Le premier concerne les spécificités de la victime, le second, sa manière de réagir. Nous avons ainsi constaté que, potentiellement, chaque collaborateur au sein de l'entreprise pouvait devenir la cible d'un harcèlement et ce, indépendamment de sa position dans la hiérarchie, quel que soit son sexe, sa personnalité ou son niveau de formation. Nous avons également constaté que la majorité des personnes qui étaient confrontées à un processus de harcèlement – qu'elles soient victimes ou témoins – étaient convaincues du caractère irréversible de la situation. Non seulement, elles ignoraient que l'on pouvait prévenir un tel comportement mais qu'il était également possible de le gérer voire de le neutraliser. Malheureusement, nous avons fréquemment constaté que lorsque certaines personnes décidaient de réagir, elles le faisaient bien souvent à mauvais escient et de manière telle-ment inadaptée que généralement leur propre comportement se retournait contre elles, légitimant, sans le vouloir celui de l'agresseur.

Il est possible de prévenir le harcèlement, de le gérer, de le neutraliser.

C'est pour aider non seulement les victimes mais aussi leur entourage que ce livre a été écrit. Sa rédaction a également été motivée par les multiples sollicitations dont nous avons fait l'objet ces dernières années en tant que psychologue et consul-tant d'entreprise. Elles émanaient non seulement des victimes mais aussi de leur entourage proche voire de cadres et de diri-geants eux-mêmes confrontés – en tant qu'observateurs (ou victimes) – à ce genre de situation. Deux sortes de questions nous étaient souvent posées : les premières cherchaient à savoir s'il était possible de réagir, les secondes, s'il existait des « solutions » ou des « méthodes » pour faire cesser ce type de comportement. L'ambition de cet ouvrage sera de répondre à ces différentes questions. Sa légitimité nous semble d'autant plus grande, qu'à notre connaissance, il n'existe pas d'ouvrages qui aient traité ce thème en tenant réellement compte de la réalité de terrain telle que nous la connaissons. Les quelques suggestions ou « conseils » que l'on retrouve dans certaines publications souffrent, nous semble-t-il, d'une insuffisance majeure : celle de ne pas connaître suffisamment l'entreprise et ses modes de fonctionnement, celle de donner, par conséquent, des conseils d'une pertinence limitée – voire tout à fait discutables – en particulier au sein des organisations actuelles.

Un livre en deux parties.

Une première partie pour comprendre

Cet ouvrage comporte deux parties. La première est consacrée à une approche théorique et clinique du harcèlement pour comprendre. Après avoir défini un certain nombre de notions très proches de celle qui nous intéresse, nous aborderons, dans le détail, les différentes phases d'un harcèlement. Il est, en effet, indispensable de savoir en quoi consiste ce processus, de le décrire de la manière la plus concrète qui soit, d'en saisir les prémisses, ne serait-ce que pour mieux le prévenir ou le neutraliser.

Tout au long de notre description, nous illustrerons nos propos par de nombreux cas concrets tirés de notre expérience[1]. Nous tenterons également d'expliquer pourquoi ce phénomène a pu se développer au sein de l'entreprise en faisant réfé-

© Éditions d'Organisation

---

1. Il va de soi que ces différents témoignages sont marqués par le sceau de la confidentialité afin qu'aucune personne ou aucune entreprise ne puisse être identifiée.

rence non seulement aux mythes et aux réalités qui la concernent mais aussi à la psychopathologie qui règne en son sein, notamment du côté des agresseurs.

Une deuxième partie pour agir

La seconde partie est essentiellement pratique puisqu'elle aborde la manière dont il est possible de faire face à ce type de situation. Après avoir expliqué pourquoi il est indispensable d'agir, nous proposerons des suggestions et des conseils concrets – tirés de notre expérience – qui devront permettre à chacun non seulement de prévenir le harcèlement mais aussi de le gérer quand il a commencé, voire de le neutraliser s'il est dans sa phase active.

A cet égard, nous insisterons sur le rôle majeur de la prévention : beaucoup trop d'erreurs de comportement sont commises sans que l'on en prenne réellement conscience, sans que l'on en saisisse véritablement l'impact. Un harcèlement n'est pas inéluctable à condition de ne pas en favoriser l'émergence, à condition également de ne pas vouloir l'ignorer.

Bien sûr, nous espérons que ces quelques recommandations pourront aider le lecteur à trouver lui-même de nouvelles idées.

Cette seconde partie est destinée, non seulement aux victimes mais aussi à toutes celles qui pourraient un jour le devenir. Elle s'adresse également à tous ceux qui sont susceptibles de vouloir les aider. Une partie de notre discours concernera également les dirigeants et les responsables de société qui se sentent souvent impuissants face à cette épineuse question. Nous leur proposerons également des solutions concrètes et surtout adaptées à la réalité de leur environnement.

Nous achèverons enfin cet ouvrage en abordant la question de la législation actuelle. Bien que la loi puisse être considérée comme une réponse au harcèlement – notamment si rien n'est fait au sein de l'entreprise – nous en relativiserons pourtant l'efficacité. Nous verrons, en effet qu'il est préférable que l'organisation gère elle-même cette question en amont et qu'elle prenne la responsabilité d'agir devant de telles dérives. De nouveau, nous insisterons sur le rôle majeur d'une politique de prévention au sein de l'entreprise.

Nous avons conscience que cet ouvrage constitue un véritable défi.

Face à un phénomène aussi complexe que le harcèlement, il y avait deux façons de le traiter : soit en dissertant de façon théorique en relativisant le rôle de l'environnement – c'est ce que font en général les théoriciens entre eux – soit d'une manière pratique en privilégiant cette fois-ci la réalité et l'environnement, avec le risque d'occulter l'impact de l'homme et son fonctionnement psychologique.

Quelques ouvrages en français ont privilégié la première approche et quelques publications ont également privilégié la dimension environnementale en ajoutant quelques touches de psychologie.

Bien souvent, dans l'ensemble, les résultats sont quelque peu décevants notamment pour les conseils qui, reposent sur des théories implicites. Celles-ci présupposent, en effet, qu'au sein de l'entreprise, il n'existe que des gens sains susceptibles de vouloir changer ce qui s'y passe. Or nous avons souvent observé depuis plus de 10 ans que, placé dans des situations de stress intenses – et le harcèlement en est probablement le prototype – la victime, au sein de l'entreprise, avait très peu de chances d'être écoutée et d'être prise véritablement au sérieux.

C'est à partir de ce constat que nous avons pensé que l'action personnelle était, sans doute, l'une des meilleures stratégies pour la victime, ne serait-ce que pour sauvegarder son intégrité psychologique et son estime d'elle-même.

À travers ce livre nous rendons hommage à toutes les personnes qui ont bien voulu nous témoigner leur confiance en nous racontant le détail de leur histoire et à tous ceux que nous avons eu l'occasion de suivre dans le cadre d'un harcèlement. Nous tenons à remercier, en particulier, Virginie qui a livré par écrit le témoignage de son expérience montrant ainsi qu'il était possible de s'en sortir.

Puissent ces différents conseils et suggestions être utiles à toutes les personnes qui auront décidé de les suivre comme ils l'ont déjà été pour tous ceux que nous avons accompagnés.

Première partie

Comprendre

Le harcèlement n'est pas un processus
inéluctable. La description que nous en
ferons accompagnée de nombreux
exemples concrets, permettra de
comprendre pourquoi et comment
il se développe. C'est à cette
condition qu'il sera ensuite
possible de le prévenir,
de le gérer ou de le
neutraliser.

1 | De quoi parle-t-on

Dans le champ de la psychologie – ou de la psychopathologie – les dérives sémantiques sont fréquentes et il arrive très souvent que pour un même mot, on confonde son sens commun et sa véritable signification. Que signifie par exemple le mot « pervers » que l'on utilise – notamment dans le cadre du harcèlement – bien souvent à tort et à travers comme le souligne d'ailleurs un des spécialistes de la question[1] ? Une personne qui se sent constamment épiée est-elle pour autant une « paranoïaque » comme on a tendance à l'affirmer ? Nous découvrirons que les différentes réponses à ces questions sont généralement beaucoup plus complexes qu'on ne l'imagine. D'autre part, le fait d'être constamment soumis à la répétition d'un même message – ou d'une même idée – n'a-t-il pas pour conséquence de favoriser la perception d'un phénomène qui n'est peut-être pas aussi fréquent qu'on pourrait le penser ?

1. Eiguer A., *Des perversions sexuelles aux perversions morales. La jouissance et la domination.* Éditions Odile Jacob, Paris, 2001.

Ainsi le fait de parler de harcèlement tous les jours n'a-t-il pas eu pour effet d'augmenter soudain le nombre de harceleurs présents autour de soi ? La fréquence d'utilisation d'une notion déjà fort médiatisée a, en effet, favorisé, un véritable amalgame avec toute une série de comportements ou de situations qui ne sont pas forcément du « harcèlement ». De par son impact dans le public, cette notion semble avoir également relativisé tout un ensemble de comportements qui, sans être nécessairement du harcèlement, ont pourtant des incidences non négligeables chez tous ceux qui en sont l'objet. Doit-on, pour autant, ignorer la souffrance qui en résulte ?

Devant ces quelques questions, il nous apparaissait nécessaire de clarifier certaines notions afin de ne pas sombrer dans des interprétations ou des analyses abusives voire excessives. Le harcèlement existe-t-il ? Sans aucun doute. Est-il aussi fréquent que l'on a bien voulu le dire ? Nous en sommes beaucoup moins sûr et même si certains chercheurs ont tenté d'objectiver quantitativement le phénomène à travers un certain nombre d'enquêtes, notre pratique associée aux quelques centaines de témoignages que nous avons recueillis ces dernières années nous ont souvent montré que si le harcèlement existait, il était sans commune mesure avec ces milliers de petits comportements « pervers » auxquels étaient confrontés la plupart des salariés au sein de leur organisation. Des comportements somme toute relativement mineurs mais qui, ajoutés les uns aux autres et vécus quotidiennement, pouvaient devenir extrêmement lourds à porter. Il n'y a qu'à considérer par exemple, ce que certains managers appellent « la motivation de leur équipe » et la question des objectifs commerciaux. Certains cadres sont persuadés que la meilleure méthode pour « stimuler » leurs collaborateurs est, tout simplement, de vérifier quotidiennement, parfois plusieurs fois par jour, où en sont leurs résultats. Même si cette manière de procéder ne constitue

4

pas un processus de harcèlement au sens strict, il n'en demeure pas moins que les personnes en question souffrent – sans pouvoir l'exprimer – de cette manière de faire avec toutes les conséquences que ce type de management peut avoir sur eux et leur organisation dans le temps : baisse de la motivation à court terme, démission, turn-over, etc.

Les différentes approches du harcèlement.

Le harcèlement psychologique
ou moral

Quand un profane consulte un ouvrage de médecine et qu'il y découvre certains symptômes, immanquablement il finira par être persuadé qu'il est atteint de telle ou telle maladie. Même phénomène s'il parcourt un ouvrage de psychiatrie ou de psychopathologie, ce qui ne manquera d'ailleurs pas de l'inquiéter. Il sera également tenté d'identifier chez certaines personnes de son entourage – bien souvent à partir de quelques symptômes anodins – toute une série de comportements qu'il qualifiera de pathologiques : « *Je suis certain que Untel est paranoïaque* » ou « *Ma collaboratrice est obsessionnelle* ». Le harcèlement et les caractéristiques psychologiques – de l'agresseur et de sa victime – n'échapperont pas au phénomène et le risque sera bien sûr de confondre ce type de comportement avec d'autres et de poser des diagnostics sans aucune réserve.

La question majeure qui se pose est donc de savoir ce qu'est véritablement un harcèlement et, surtout, d'identifier quels sont les phénomènes avec lesquels il ne doit pas être confondu.

Dans le *Littré*, le verbe harceler met l'accent sur un critère qui nous semble tout à fait central puisqu'il fait référence à la notion de *fréquence* ou en d'autres termes, de *répétition*. Harceler une personne signifie donc la **« *tourmenter, l'inquiéter par de petites mais de fréquentes attaques* »**. Dans le domaine militaire, on harcèle également ses ennemis afin de les **« *inquiéter, de les fatiguer par de fréquentes attaques* »**. Le harcèlement présuppose donc une **régularité d'un certain type de comportements dans le temps avec l'objectif de faire céder l'autre.** On parlera ainsi de harcèlement sexuel jusqu'à ce que la victime craque ou de harcèlement psychologique ou « moral » avec un objectif similaire.

Pour Marie-France Hirigoyen (1998), il faut entendre par harcèlement sur le lieu de travail « *toute conduite abusive se manifestant notamment par des comportements, des paroles, des actes des gestes, des écrits, pouvant porter atteinte à la personnalité, à la dignité ou à l'intégrité physique ou psychique d'une personne, mettre en péril l'emploi de celle-ci ou dégrader le climat de travail* ». Dans cette définition, la notion de fréquence dans le temps n'est pas évoquée ni la question de l'intensité du comportement de l'agresseur.

Aussi pour compléter la définition précédente, nous souhaiterions proposer la suivante : « ***on peut parler de harcèlement au travail quand une personne subit de la part d'une autre personne ou d'un groupe – sur une longue durée et de façon fréquente – un ensemble de comportements plus ou moins hostiles, exprimés ou latents, pouvant mettre en danger son équilibre psychologique et sa santé physique* ».**

Notons également la définition du Conseil Économique et Social : « ***constitue un harcèlement moral au travail tous agissements répétés visant à dégrader les conditions humaines et relationnelles, matérielles de travail d'une ou plusieurs victi-***

mes, de nature à porter atteinte à leurs droits et leur dignité, pouvant altérer gravement leur état de santé et compromettre leur avenir professionnel »[1].

Le mobbing : une autre définition du harcèlement

Dans les années 80, un psychologue d'origine allemande installé en Suède – et par ailleurs professeur à l'université de Stockholm – introduit le concept de « mobbing » pour décrire des formes graves de harcèlement au sein des organisations, terme qu'il définit comme « *un processus de destruction (...) constitué d'agissements hostiles (...) dont la répétition constante a des effets pernicieux* ». Pour ne pas le confondre avec d'autres formes de communication d'hostilité, il lui associe un ensemble de spécificités : « confrontation, brimades et sévices, dédain de la personnalité et répétition fréquente des agressions sur une longue durée »[2]. La définition qu'il donne est sans équivoque : « *le mobbing définit l'enchaînement sur une assez longue période, de propos et d'agissements hostiles, exprimés ou manifestés par une ou plusieurs personnes envers une tierce personne (la cible). Par extension le terme s'applique aussi aux relations entre les agresseurs et leur victime* »[3].

La signification attachée à de ce terme d'origine anglaise est intéressante. Le substantif *mob* signifie, en effet, pour le *Robert & Collins*, la foule, la masse, la cohue. Précédé de l'article *the*, il signifie, plus péjorativement, la populace. Quand au verbe *to mob*, quand on l'utilise vis-à-vis d'une personne, il signifie faire foule autour de, assaillir. On lui donne même le sens de

---

1. Projet d'avis adopté par la section travail du C.E.S le 29 Mars 2001.
2. Leymann H., *Mobbing, la persécution au travail*, Seuil, 1996 pour la traduction française.
3. Leymann H., op. cit.

« *démagogie* » dans l'expression *mob oratory* (éloquence démagogique). L'origine de ce terme indique donc l'idée d'un groupe
important (masse), d'une assemblée bruyante et tumultueuse
(pour reprendre l'une des significations du mot cohue) susceptible de s'en prendre à quelqu'un de manière agressive (assaillir
quelqu'un c'est, pour le *Littré* « *se jeter sur pour attaquer* »). D'une
certaine façon c'est aussi l'isoler des autres (faire foule autour)
par conséquent l'empêcher d'agir ou de communiquer avec
autrui. Quant au sens de démagogique qui lui est parfois donné,
il est encore plus lourd de sens, car il signifie que l'agression
dont peut être l'objet telle personne n'a pas de légitimité propre.

Mais si les différentes définitions sont relativement semblables,
les conceptions théoriques sous-jacentes, qui peuvent expliquer
l'origine du harcèlement, varient en fonction des auteurs. Ainsi
pour H. Leymann, l'explication du mobbing se situe essentiellement dans une perspective sociale et organisationnelle qui trou-
verait son origine dans un conflit non résolu et dont les sources
se situeraient dans trois domaines : l'organisation du travail, la
conception des tâches, l'animation et la direction des exécu-
tants. Pour M.F. Hirigoyen, la perspective dominante reste
essentiellement psychopathologique même si elle évoluera par
la suite vers une approche plus sociologique de l'organisation.
De plus, sa position concernant le conflit est radicalement différente de celle de H. Leymann. Pour elle, ce n'est pas un conflit
ouvert et non résolu qui est à l'origine du harcèlement mais plutôt l'incapacité d'avoir réussi à en mettre un en place. Les
approches de ces deux auteurs sont intéressantes mais elles restent insatisfaisantes notamment à cause de leur méthodologie
d'analyse. Travailler à partir de questionnaires ou de discours
rapportés *a posteriori* introduit obligatoirement des biais non
négligeables. Élaborer un discours théorique sans avoir vécu en
entreprise, ni avoir côtoyé *in situ* ses collaborateurs, laisse
nécessairement place à une certaine subjectivité.

Tout n'est pas « *social* » au sein d'une entreprise, tous les harceleurs ne sont pas forcément atteints de pathologies mentales avérées comme nous le verrons. D'autre part, affirmer qu'une entreprise est « *perverse* » n'a guère de sens. Il serait, en effet, beaucoup plus juste de défendre l'idée que certaines organisations peuvent favoriser l'émergence d'une symptomatologie qui existait déjà chez certains. Dans cette perspective, ce n'est pas l'entreprise qui souffre de telle ou telle pathologie mais plutôt certaines personnes qui la composent et qui, légitiment et favorisent l'expression de cette pathologie auprès de certains de leurs collaborateurs.

C'est d'ailleurs la position que nous adopterons dans cet ouvrage : le harcèlement, comme tous les comportements qui provoquent une souffrance chez autrui, résulte de l'interaction de mécanismes psychologiques – ou psychopathologiques, le cas échéant – et sociaux relatifs au mode de fonctionnement de l'entreprise qui comprend sa culture et son histoire mais aussi ses stratégies, sa politique, etc.

Nous aurons l'occasion d'y revenir plus en détail dans le chapitre consacré aux origines du harcèlement.

Le stalking : une forme de harcèlement avec risque de passage à l'acte violent

Ce terme est principalement utilisé par les américains pour désigner une forme de harcèlement particulièrement déstructurante pour tous ceux qui en sont l'objet. Il se définit comme « *un comportement impliquant explicitement ou implicitement une menace de mort avec l'intention de provoquer la peur* »[1]. L'origine

---

1. Hirigoyen M.F., *Malaise dans le travail*, Paris, Syros, 2001.

de ce terme est explicite puisque le verbe *to stalk* signifie traquer ou filer quelqu'un avec une idée sous-jacente : celle de ne pas le laisser en paix. Alors que le harcèlement psychologique conduit rarement à des violences physiques, ce n'est pas le cas du stalking. Inévitablement se pose la question de la santé mentale de l'agresseur : il s'agit, d'ailleurs plus souvent, d'hommes que de femmes et la situation prototypique est la relation amoureuse. Ce sont d'anciens conjoints ou amants qui ne supportent pas que l'autre les ait quitté. Ils les harcèlent sans cesse de différentes façons (par téléphone chez eux et à leur travail), débarquent à l'improviste (à leur bureau et sans prévenir) et, très souvent menacent leur ex-partenaire. Les suites médico-légales sont assez fréquentes et le passage à l'acte violent est toujours à redouter.

En entreprise, en dix ans, nous n'avons recueilli qu'un seul témoignage de ce type, ce qui ne signifie nullement que ce comportement soit rare au sein des organisations. Le cas était d'ailleurs assez complexe et pour le moins curieux puisqu'il s'agissait d'une femme harcelée constamment par son ex-compagnon qui travaillait dans la même entreprise. Plusieurs fois, il était passé à l'acte (gifles et insultes), elle avait plusieurs fois porté plainte mais, sous la pression de l'entreprise qui s'était immiscée dans sa vie privée (son ex-compagnon était l'un des responsables et s'était confié à son PDG), elle les avait à chaque fois retirées, justifiant sa décision par le fait que finalement *« il n'était pas un mauvais garçon »*, ces circonstances atténuantes étant, à notre avis, extrêmement révélatrices du rapport sadomasochiste qui s'était institué entre eux deux[1].

---

1. Le lecteur pourra être surpris que ce cadre soit « protégé » par sa hiérarchie. C'est un phénomène pourtant relativement banal et courant comme je le décrirai ultérieurement.

Les amalgames à éviter.

Un conflit n'est pas du harcèlement

Le harcèlement n'est pas à confondre avec le conflit – phéno-mène relativement fréquent au sein des organisations – même s'il peut être l'antichambre d'un tel processus. Dans le harcèle-ment psychologique l'agresseur obéit à un mode de relation spécifique fondé **principalement sur le non-dit** – il ne nomme pas clairement les choses – ou sur **l'utilisation de messages paradoxaux : « Vous vous débrouillez bien dans ce poste mais je ne sais pas si on va vous garder ».** Il s'agit par conséquent d'une communication volontairement perver-tie dont l'effet peut être extrêmement déstabilisant pour autrui. Dans le conflit, les problématiques sont clairement évo-quées et on sait à quoi s'attendre, ce qui ne signifie nullement que tout se passera bien pour autant ! La communication est ici, comparativement à la précédente, beaucoup plus explicite.

En France, contrairement à ce qui se passe dans d'autres pays, on éprouve encore beaucoup de difficultés à résoudre les conflits en particulier au sein des grandes entreprises. Sans doute s'agit-il d'une problématique de nature culturelle. Si on prend, par exemple, le cas de l'Allemagne, il est relativement courant que les syndicats et les représentants du patronat se réunissent en début d'année pour évoquer toutes les questions qui pourraient poser problème dans l'avenir. Il s'agit en quel-que sorte d'une prophylaxie du conflit, une stratégie large-ment ignorée au sein de notre pays où l'on préfère encore le conflit ouvert avec toutes les conséquences qui en découlent, l'intervention d'un médiateur – parfois nommé par le gouver-nement – étant même la seule alternative. Mais il s'agit là de conflits importants intervenant au sein des grandes entreprises et qui concernent un grand nombre de collaborateurs. Mais qu'en est-il de ces petits conflits qui se produisent au sein d'un service ou d'une équipe et dont la fréquence – ou le laisser-faire – peuvent aller jusqu'à gâcher la vie de tous ceux qui y sont confrontés ?

Bien que l'on puisse supposer qu'il existe autant de conflits que de situations, nous souhaiterions proposer une catégorisation qui tienne compte de deux paramètres – qui nous semblent relativement importants – que sont **l'intelligence** des protagonistes d'une part et leur **personnalité** d'autre part. Le premier type de conflit, pour qu'il aboutisse à une solution acceptable pour les protagonistes de la situation, présuppose que chaque participant puisse reconnaître effectivement la valeur de l'interlocuteur qui est en face de lui, c'est-à-dire, son utilité, ses compétences, ses qualités et ses insuffisances avec le moins d'*a priori* possible. Chacun des protagonistes joue donc un rôle qui lui est propre que l'autre reconnaît. Chacun d'entre-eux utilise ses propres stratégies de communication pour tenter d'obtenir ce qu'il désire. Même si les différentes techniques mises en œuvre[1] peuvent être discutables – comme le bluff, la menace ou la surenchère dans les processus de coercition par exemple – il n'en demeure pas moins que cela fait partie du jeu de la négociation et, sans doute est-ce pour cette raison que chacun l'accepte implicitement. Nous sommes donc dans une situation où il existe un minimum d'intelligence entre les différentes acteurs et bien que l'on puisse supposer qu'il s'agit là d'une situation idéale – du point de vue de l'équilibre entre les personnes et de la volonté d'aboutir – elle n'est pas rare pour autant.

© Éditions d'Organisation

---

1. Voir en particulier Touzard H. (1987) « Conflits et négociation », *in* LÉVY-LEBOYER C. & SPERANDIO J.C. *Traité de psychologie du travail*. Chapitre XL, 789-812, Paris, P.U.F.

Dans le second type de conflit, les possibilités d'aboutir à une véritable solution sont faussées dès le départ. Ce sont toutes les situations que l'on ne veut pas voir – on parle de « *déni* » – ou, en d'autres termes, que l'on ne veut pas résoudre. Ces conflits sont probablement les plus difficiles à appréhender – et par conséquent, à neutraliser – car tant que l'organisation fonctionne convenablement, les responsables auront très souvent tendance à les éviter ou à les sous-évaluer. Si ceux-ci deviennent trop évidents ou qu'ils entraînent des dysfonctionnements majeurs au sein de l'organisation, certains pourront faire appel à des techniques de management censées pouvoir les gérer. Malheureusement, nous avons souvent observé que la plupart des responsables, dès lors qu'ils étaient confrontés à un conflit, n'avaient qu'une seule ambition : celle de faire disparaître artificiellement les symptômes les plus évidents **sans jamais en rechercher la cause**. Or, tant qu'un conflit n'est pas convenablement traité – ou qu'il a été imparfaitement résolu – il y a de grandes chances qu'il puisse déboucher sur un harcèlement.

Le stress a d'autres origines que le harcèlement

Bien souvent il existe une confusion entre le harcèlement moral et le stress. Ainsi dans le langage courant, telle personne dira qu'elle est constamment stressée par la présence ou le comportement de son collègue ou de son responsable mais cela ne signifie nullement qu'elle soit harcelée pour autant. Mais à quoi fait-on référence quand on parle du stress ?

En fait le terme recouvre plusieurs significations. Ainsi fait-on souvent référence aux conséquences du stress, en d'autres termes aux répercussions que celui-ci peut avoir sur la santé. Parfois, on parle des vecteurs susceptibles de le provoquer –

« *le bruit constant de l'imprimante me stresse* » – enfin, il arrive que l'on fasse également référence aux manifestations qu'il peut entraîner. Si le stress ne peut être confondu avec le harcèlement, on ne doit certainement pas occulter le fait que toute expérience de cette nature fait obligatoirement passer la victime par des phases plus ou moins intenses de stress. Inutile de préciser qu'au travail, il n'y a pas besoin d'être harcelé pour être stressé. Certaines professions comme les contrôleurs aériens ou les policiers ou certaines conditions comme, par exemple, une surcharge de travail, une surqualification, peuvent augmenter très rapidement le niveau de stress.

> Une recherche menée par Robert Karazec auprès d'une population composée de 4495 personnes est, à ce sujet, tout à fait intéressante. Le chercheur a notamment étudié l'incidence que pouvaient avoir deux composants majeurs du stress professionnel : « la possibilité de contrôle chez le salarié pour mener sa tâche à bien », c'est-à-dire son autonomie dans son travail et « la demande psychologique », c'est-à-dire la contrainte psychologique exercée sur lui. Il a ainsi démontré que l'association de ces deux paramètres était un excellent prédicteur du niveau de stress. Ainsi plus la demande psychologique est forte et plus la possibilité de contrôle de sa tâche est faible, plus le salarié est stressé[1].

Robert réagit simplement au stress dû à la baisse de son chiffre d'affaires

Robert G. fait partie d'une équipe d'une dizaine de cadres commerciaux exerçant au sein d'une société américaine chargée de commercialiser de la technologie médicale auprès d'établissements hospitaliers en

© Éditions d'Organisation

---

1. Cité par André et al., *Le stress*, Privat, Paris, 1998.

France et en Europe. Cela fait dix ans qu'il vend ce type de produit et il est l'un des meilleurs commerciaux. De plus on lui a confié l'animation de son équipe qui le considère comme un bon manager. Or, depuis six mois, il n'a plus les mêmes résultats et la baisse de son chiffre d'affaires l'inquiète quelque peu. Il confie un jour à l'un des membres de son équipe qu'il ne ressent plus la même énergie qu'auparavant. Il commence à consommer de d'alcool, lui qui n'en prenait que très rarement. Dans le même temps, sa consommation de tabac double. Il s'efforce toutefois de ne rien laisser paraître autour de lui mais personne n'est dupe. Devant la baisse significative de son chiffre d'affaires, son responsable – le directeur commercial Europe – l'invite un jour dans son bureau pour essayer de savoir ce qui se passe. Robert réagit mal et au lieu d'en discuter raisonnablement avec son responsable, il préfère couper court à la conversation et quitte le bureau. Son directeur lui explique un peu plus tard qu'il est peut être temps de décompresser et de prendre quelques jours de vacances. Il lui précise de ne pas s'inquiéter et lui suggère un rendez-vous pour faire le point, dès son retour.

Il n'existe pas de harcèlement dans cette situation mais une réaction de stress, chez Robert, par rapport à la baisse de son chiffre d'affaires. Son directeur commercial comprend même que celui-ci traverse une période difficile et qu'il lui sera peut-être utile de prendre quelques jours de repos. On est donc loin de l'humiliation et de la violence que subit en général ce type de professionnels quand les objectifs ne sont pas atteints et quand ils ont à faire à des « spécialistes de la démobilisation » qui trouvent toujours les bonnes expressions pour stimuler certains membres de leur équipe :
- « Bon Dieu, qu'est-ce que tu fais, tu as vu tes résultats ? »,
- « Tu es vraiment nul, je me demande ce que tu fais avec nous »,
- « Continue comme ça et on pourra pas te garder », etc.

Le supérieur de Bertrand s'en prenait aux jeunes diplômés

C'est pourtant l'expérience qu'a vécue Bertrand P. alors qu'il venait juste d'être recruté pour un poste d'employé au sein d'une banque régionale. Jeune diplômé, il avait préparé un BTS Action Commerciale pour être certain d'exercer au sein d'un secteur dont il avait toujours rêvé : il avait déjà plusieurs stages à son actif dans ce milieu. Quand il m'a raconté son histoire, quelques années s'étaient écoulées et il avait d'ailleurs changé totalement de secteur d'activité, son expérience l'ayant trop profondément marquée. Tout avait commencé le premier jour : alors qu'il venait à peine de fermer les portes de l'agence, son responsable – qui était également son tuteur – lui avait demandé de faire le point sur ses résultats commerciaux. Bien entendu, le jeune Bertrand, ne connaissant pas suffisamment ses produits, n'avait rien vendu. Il avait même cru un instant que celui-ci plaisantait et sans doute est-ce pour cette raison qu'il s'était risqué à une pointe d'humour en expliquant que s'il avait réussi à vendre ne serait-ce qu'un seul produit, cela aurait relevé sans aucun doute du miracle. Manifestement sa boutade n'avait pas été appréciée. C'est à partir de ce moment-là qu'il devint la cible privilégiée de son responsable.

Deux étapes ont marqué son expérience : la première était constituée principalement d'insultes et d'humiliations assez diverses :

— « Je me demande quel est l'imbécile qui a pu te recruter »,

— « Tu ne feras jamais carrière dans la banque, tu es trop nul », etc.

La seconde était encore plus désastreuse puisqu'il allait jusqu'à le disqualifier auprès des clients :

— « Venez par ici madame, n'allez pas voir Bertrand, il va encore se tromper »,

tout en utilisant une communication perverse :

— « J'ai entendu des choses intéressantes à ton sujet mais tu comprendras que je ne peux pas t'en parler » puis il tournait les talons.

16

Jamais personne ne prendra sa défense – pas même son directeur qui était pourtant un témoin privilégié de la situation – et pendant plus de trois mois le jeune Bertrand subira le comportement de ce responsable à qui l'on offrira… une promotion. Par la suite, il apprendra par l'une de ses collègues que cette personne prenait systématiquement « en grippe » tous les jeunes diplômés qui étaient recrutés par sa banque : « ils se sont dorés la pilule à faire des études, maintenant ils vont en baver » aimait-il dire autour de lui. Une phrase de Bertrand résume parfaitement l'isolement et l'horreur de la situation :

– « Il n'y avait personne pour m'aider et j'ai même pensé au pire. Personne n'avait l'air de comprendre, j'ai même cru un moment que c'était un peu comme à l'armée : une sorte de bizutage et que tout ce que je vivais était par conséquent normal ».

Nous sommes dans ce cas en face d'un harceleur qui s'en prend essentiellement aux jeunes diplômés et qui manifestement ne supporte pas qu'on lui tienne tête.

Les transitions professionnelles génèrent du stress mais ne constituent pas forcément le terreau d'un harcèlement

Dans cette période de bouleversement économique, il était inévitable que de profondes mutations interviennent au sein des organisations. L'évolution des métiers, la suppression de certains d'entre-eux, la modification des structures organisationnelles ainsi que des méthodes de management ne pouvaient entraîner chez les salariés – quels que soient leur niveau et leur statut – qu'angoisse et incertitude, provoquant de ce fait un stress non négligeable. D'autre part, l'évolution technologique qui aurait dû favoriser le bien-être de l'homme au travail n'a fait que l'aliéner sans qu'il s'en rende compte pour autant. L'informatique portable et les téléphones cellulaires constituent des illustrations particulièrement révélatrices de ce que peut être « le travail en continu ».

Avant de poursuivre, opérons une clarification de certaines expressions utilisées. Quand nous parlons de changement ou de transition professionnelle, nous ne les utilisons pas en tant que synonymes. Le changement est de l'ordre du concret, de la réalité et est facilement identifiable.

> *Ainsi Monsieur Dupont, dans le cadre d'une promotion, va changer de poste. Il était responsable commercial, il va désormais occuper le poste de directeur du marketing. Le changement n'est rien en lui-même car il ne concerne pas la dimension psychologique. En revanche, si le changement est facile, la transition peut l'être beaucoup moins, voire pas du tout.*
> *Le poste de Mme Durand a été supprimé. Elle était secrétaire, on va désormais lui demander d'occuper des fonctions commerciales. Elle ne connaît pas du tout ce métier mais la direction lui a promis des séminaires de formation. Le changement de poste va se faire normalement. La transition va être, dans ce cas, beaucoup plus difficile. Sa nature est en effet essentiellement psychologique et affective et – à travers un véritable « travail de deuil » – elle va désinvestir progressivement son ancienne fonction au profit de la nouvelle.*

On comprend, dès lors, que si certaines transitions sont bien vécues, c'est loin d'être toujours le cas. Cette dimension est pourtant souvent oubliée et il n'y a qu'à choisir l'exemple de la suppression soudaine d'un poste pour bien comprendre ce que peut ressentir la personne en question, notamment quand elle revient de vacances et qu'elle se retrouve devant le fait accompli avec toutes les conséquences que cela peut entraîner chez elle, une situation qui est beaucoup plus fréquente qu'on pourrait le supposer !

Si nous insistons autant sur cette notion, c'est pour bien montrer que toute transition professionnelle est source de stress mais qu'elle ne constitue pas pour autant le vecteur potentiel d'un harcèlement comme le montre d'ailleurs l'exemple suivant.

Geneviève se croit harcelée ; en fait elle est soutenue par son directeur

Geneviève F. est cadre opérationnelle dans une société industrielle de la région Lilloise depuis plus de 10 ans. C'est une femme appréciée pour ses compétences et sa bonne humeur Un jour, son directeur l'invite dans son bureau pour lui proposer de nouvelles responsabilités : celle de chef de département. C'est un poste où elle devra notamment gérer une équipe importante — une expérience qu'elle ne possède pas — mais son directeur la rassure d'emblée : elle bénéficiera non seulement d'un appui de sa part — si elle en éprouve le besoin — mais elle aura également la possibilité de suivre quelques séminaires de management qui devront l'aider dans sa nouvelle fonction. Elle accepte cette promotion.

Au début tout semble aller pour le mieux mais bientôt Geneviève éprouve d'énormes difficultés à concilier à la fois son travail — qui est beaucoup plus important qu'auparavant — et son équipe qui la sollicite de plus en plus souvent. Même l'informatique commence à lui poser de sérieux problèmes notamment le logiciel de base de données dont elle ne comprend pas tout à fait la logique. Devant son incapacité à tout gérer, elle se met à douter de ses compétences mais aussi de ses aptitudes à motiver son équipe et le phénomène a d'autant plus tendance à s'accentuer que son directeur vient souvent lui rendre visite pour faire le point et pour lui proposer son aide, le cas échéant, comme il le souligne. Ses intentions semblent tout à fait louables mais Geneviève ne les perçoit pas comme telles. La fréquence de ses visites lui donne même l'impression d'être surveillée — elle dira même qu'elle se sent « harcelée » — ce qui a pour effet de la « stresser ». Elle ne croit pas non plus à la sincérité des encouragements qu'il lui prodigue. Quelques symptômes font bientôt leur apparition : maux de têtes, dorsalgies, asthénie, etc. ce qui a des conséquences fâcheuses sur son comportement avec autrui. Elle en vient même à regretter son ancien poste.

Geneviève est, par conséquent, dans une situation de transition difficile. Si elle a volontairement choisi son poste, elle n'est pas en mesure de gérer le stress inhérent à ses nouvelles responsabilités. Sans doute son directeur et elle-même ont-ils surestimé ses compétences ? Son directeur est très proche, il joue le rôle d'un tuteur. Il veut l'aider à franchir ce cap difficile, il multiplie les interventions. Geneviève n'apprécie guère son comportement. Nous ne sommes pourtant pas ici dans une situation de harcèlement. Il n'y a aucune brimade, aucune humiliation, aucune menace. Le directeur est sincère dans son désir de l'aider, il l'encourage mais Geneviève confond la fréquence de ce comportement – qu'elle interprète comme étant du harcèlement – et l'investissement que met son directeur dans le désir qu'il a qu'elle s'adapte au plus vite à son poste.

Il existe, en revanche, des situations de changement et de transition professionnelles, qui peuvent très facilement déboucher sur un harcèlement.

Pierre fait une sévère depression à la suite d'une transition professionnelle suivie d'un harcèlement

Pierre G. a 50 ans et travaille au sein d'une banque. Il a commencé comme employé aux écritures et a passé plus de trente ans dans les services centraux. Il travaille actuellement dans le réseau et s'occupe du traitement des chèques à un poste où il n'a aucun contact avec la clientèle de son agence. Un jour, son responsable le convoque pour lui signifier que son poste est supprimé et lui apprend qu'il n'a pas d'autre choix que d'intégrer l'agence en tant que conseiller d'accueil. Pierre est terrorisé par cette perspective et la transition s'avère des plus difficiles.

Il éprouve d'énormes difficultés à communiquer avec les clients notamment quand il doit leur proposer des produits. Ses collègues sont chaleureux avec lui et, dès qu'ils le peuvent, l'aident ou lui donnent des conseils. Ces encouragements l'ont quelque peu aidé jusqu'à ce que soit nommé un nouveau directeur, Alexandre un jeune diplômé d'une trentaine d'années, transfuge d'une banque concurrente. Dès son arrivée, il remarque le comportement de Pierre et le prend tout de suite « en grippe ». D'abord de manière extrêmement polissée et faussement aimable : « Alors mon petit Pierre, faudrait peut-être se remuer un peu. Allez, un peu de courage ». *D'un naturel timide Pierre ne sait pas trop comment réagir. Les injonctions deviennent, très rapidement, plus incisives voire menaçantes :* « Pierre, si tu continues, on va pas pouvoir te garder », *plongeant son interlocuteur dans un désespoir des plus profonds. Et puis, le comportement de son manager – par ailleurs très apprécié par ses clients – monte d'un cran. Les menaces fusent même si elles demeurent voilées :* « J'ai téléphoné à Monsieur X (le responsable des ressources humaines), on est en train de réfléchir sur ton cas », *etc.*

Cette histoire nous été racontée par l'intéressé lui-même et ensuite confirmée par certains de ses collègues très proches, juste avant qu'il ne soit arrêté par son médecin traitant pour une sévère dépression qui était plus qu'évidente. Nous sommes bien ici, comme nous le découvrirons dans le chapitre suivant, dans une situation de transition suivie d'un harcèlement. Une anecdote à l'attention du lecteur : « c'est un tire-au-flanc qu'il faudrait virer si c'était possible » m'a confié un responsable qui le connaissait bien et qui n'était rien d'autre que... son responsable des ressources humaines ! **Comme nous le découvrirons, la confusion entre la cause d'un comportement et ses conséquences constitue un phénomène d'autant plus fréquent que ce type d'analyse est souvent partagé par plusieurs observateurs.** (Ici, le Directeur et le Responsable des Ressources Humaines).

Dépasser le niveau des apparences

L'amalgame entre les différentes notions que nous venons de présenter et le harcèlement est assez tentant pour la plupart. Nous ne sommes pourtant pas de ceux qui croyons que certaines prétendues « victimes » puissent s'en servir à des fins « perverses » – pour faire licencier une personne que l'on déteste par exemple – ou stratégiques – pour favoriser une mutation que l'on a demandée – même si nous ne pouvons éliminer totalement cette possibilité. Beaucoup de personnes confondent le harcèlement avec d'autres situations tout simplement parce que certaines d'entre-elles en sont très proches, comme nous venons de le voir. Il est vrai que la frontière est parfois assez mince. Cette confusion est compréhensible car, bien souvent, les situations vécues peuvent constituer le terreau d'un comportement futur que l'on pourra qualifier de harcèlement

Quand des personnes me consultent et qu'elles me présentent d'emblée les situations qu'elles vivent comme étant du harcèlement, je leur pose généralement deux types de questions.

D'abord, je leur demande spontanément comment elles vivent émotionnellement cette situation puis je les observe attentivement. Cette question posée à brûle pourpoint a le mérite de faire réagir mes interlocuteurs et leurs réactions pourront être tout à fait révélatrices de leur malaise ou de leur souffrance : certains signes, en effet, ne trompent pas.

Je cherche ensuite à savoir depuis combien de temps dure le phénomène. Si le comportement s'étale sur une période relativement longue et, si de plus, celui-ci est marqué par la répétition, alors je penserai effectivement à un harcèlement psychologique. Jamais, je ne laisse mon intuition clinique de côté : au-delà des mots, il y a en effet autre chose que l'on peut entendre qui constitue probablement le fruit d'une écoute inconsciente. Dans certains cas, elle peut apporter une quantité d'informations qui pourra d'ailleurs venir contredire ce qui pouvait paraître plausible auparavant.

Monsieur R. est accusé de harcèlement. Ce n'est, en fait, qu'une cabale initiée par Mademoiselle S.

Le Directeur des Ressources Humaines d'une importante société spécialisée dans le luxe me contacte un jour pour que je le conseille sur un problème auquel il est confronté et dont il ne veut rien dire au téléphone. C'est la première fois que je rencontre ce personnage, un homme d'une cinquantaine d'années à la fois élégant et raffiné et possédant manifestement une bonne expérience de sa fonction.

Monsieur P. en vient assez rapidement à ce qui motivait ma venue et me relate une histoire assez singulière. Monsieur R. est responsable du marketing stratégique au sein de son entreprise depuis plusieurs années. C'est un cadre brillant qui, professionnellement, a fait ses preuves depuis longtemps. Or, la quasi totalité de son équipe – constituée en majorité de femmes – l'accuse de harcèlement sexuel. Une plainte a d'ailleurs été déposée. Je ne comprends guère ma présence en ces lieux et je laisse mon interlocuteur poursuivre : « J'ai besoin de vous pour que vous le voyez en entretien et pour que vous me précisiez si c'est un « obsédé sexuel » ou s'il s'agit d'un accident (!) et si c'est le cas, je vous demanderai de le « coacher ». Il tente ensuite de légitimer sa demande en m'expliquant que des responsables de cette qualité dans ce secteur d'activité sont extrêmement rares à trouver. Je reste songeur. Pour des questions de déontologie, je ne peux bien sûr, répondre à sa demande et je préfère continuer de l'interroger. Il me parle en détail du personnage, de son expérience et de sa vie. Il existe un tel décalage entre la description qu'il me fait de ce responsable et ce dont il est accusé que je ne peux m'empêcher de douter de la véracité des faits : une impression que je ne manque d'ailleurs pas de lui confier en lui suggérant l'hypothèse d'une possible cabale. Mon intervention le rend soudain silencieux. Pendant quelques secondes, il reste perplexe puis finalement accepte la possibilité : « c'est vrai, pourquoi ne pas l'envisager, ça cadre tellement peu avec le personnage ». Je lui conseille de réunir toute l'équipe et de leur parler « dans les yeux » afin d'éclaircir cette histoire. Il me promet de suivre ma suggestion, de me tenir au courant et nous terminons là l'entretien.

Quinze jours plus tard, il me contacte par téléphone, me rappelle notre entrevue et me confirme l'impression que j'avais eue lors de cet entretien – sans doute l'avait-il quelque part initiée ? – en me relatant la fameuse histoire de ce responsable dont le détail venait infirmer les faits. Dans cette équipe, Mademoiselle S était tombée amoureuse de son responsable. Un soir, elle l'invite à dîner prétextant vouloir terminer avec lui un dossier sur lequel ils avaient tous deux travaillé. Celui-ci accepte. Mais ce qui constituait pour lui un simple dîner de travail – et une malencontreuse erreur de stratégie, si on se réfère aux théories du management – est malheureusement interprété par elle comme une marque d'intérêt voire une sorte d'engagement implicite. Dans les jours qui suivent, elle l'assaille, le poursuit et un soir, alors qu'il est encore dans son bureau et que tous les membres de son équipe ont quitté le leur, elle lui confie ses sentiments. D'après ce DRH qui avait fait son enquête, monsieur R. l'avait, à ce moment là, tout simplement éconduit en lui expliquant que cette relation était impossible. Il avait même été obligé de la repousser tant elle était devenue insistante. Elle avait finalement consenti à quitter son bureau tout en lui prédisant qu'il finirait bien par « craquer ». Elle le harcela ainsi encore quelques semaines jusqu'à ce que subitement son comportement s'arrête comme il avait commencé. Quelque temps plus tard, une rumeur de harcèlement sexuel se propageait dans l'entreprise et une plainte était déposée. Monsieur R est convoqué par le directeur général accompagné du DRH. Il nie bien sûr catégoriquement les faits qui lui sont reprochés mais devant la gravité de l'accusation, il prend peur et commet l'erreur d'occulter l'épisode du restaurant pensant que s'il divulguait cette information, elle ne pourrait que le desservir. Tout le monde reste sceptique mais les faits sont là et ils sont d'autant plus solides que plusieurs membres de son équipe sont venus les confirmer. Pourtant ce DRH sent intuitivement qu'il y a quelque chose qui ne va pas. Sans doute, l'avais-je également ressenti au cours de l'entretien que nous avions eu. Tout dans son discours voulait pourtant prouver le contraire.

En fait, Mademoiselle S. avait raconté à plusieurs de ses collègues que Monsieur R. avait tenté d'abuser d'elle un soir qu'elle était restée seule avec lui. Elle s'était débattue et avait réussi à se sauver. Elle s'était ensuite arrangée pour en parler autour d'elle en dramatisant son expérience et en fournissant au passage quelques détails de son « expérience ». Elle avait été tellement convaincante qu'elle avait même réussi à faire se liguer la plupart de ses collègues contre ce fameux responsable en leur expliquant, que si elle avait faillit se faire violer, il n'y avait aucune raison pour qu'il ne réitère pas ce type de comportement vis-à-vis de l'une d'entre elles.

Comment ce DRH avait-il réussi à découvrir ce fameux pot-aux-roses ? Lors d'une réunion – où il avait invité toutes les femmes qui avaient soi-disant été « victimes » de harcèlement sexuel – il avait demandé à chacune d'entre elles de bien réfléchir sur les conséquences de leur témoignage et sur les répercussions que cela pouvait avoir. Il avait ensuite signifié à toute l'équipe qu'une enquête allait être menée et que, probablement chacune d'entre elles allait faire l'objet d'un interrogatoire policier. Cette intervention eut un tel impact que l'une des « victimes » se rétracta spontanément bientôt suivie par d'autres qui avouèrent que, finalement, Monsieur R. n'avait jamais eu de comportement déplacé à leur égard. Seule Mademoiselle S. resta sur ses positions et ce n'est qu'à l'entretien individuel qu'elle avoua à son tour toute l'histoire. « Le plus inquiétant, me confia ce DRH, c'est que plus le temps passait, plus les gens étaient convaincus du bien fondé de la plainte. Même les syndicats croyaient à cette histoire et voulaient absolument qu'on licencie Monsieur R. »[1].

---

1. Par la suite Mademoiselle S. fut licenciée tandis que Monsieur R. était confirmé dans son poste.

25

Les différents aveux obtenus par les « victimes » sous la pression d'un possible « interrogatoire policier » ont-ils forcément valeur de preuve ? Ces différentes femmes n'ont-elles pas eu peur, tout simplement, de perdre leur poste ? La concordance des différents témoignages associé à celui de Mademoiselle S. nous prouve le contraire. Dans cette histoire, c'est bien de manipulation dont il s'agit. Mademoiselle S. avait même réussi à faire peur à une grande majorité de ses collègues quand elle leur avait confié qu'il n'était pas impossible que Monsieur R. puisse un jour s'en prendre à elles. Tout le monde était convaincu de la réalité des faits et plus le temps passait, plus on avait tendance à vouloir exclure au plus vite ce fameux responsable.

C'est le seul cas de ce type que nous ayons rencontré jusqu'à présent. Est-ce à dire qu'il est rare ? Nous ne pourrions honnêtement l'affirmer. Notre propos était, tout simplement d'illustrer ce que pouvait être une erreur d'appréciation – qui aurait pu avoir des conséquences dramatiques – et de montrer également l'importance d'une écoute extérieure à l'entreprise.

Nous abordons ici une question extrêmement sensible puisqu'elle concerne la manière dont l'entreprise gère ses hommes où, en d'autres termes, comment les cadres qui la composent motivent leurs collaborateurs. Mais pour accéder à ce qu'est véritablement le management, il est indispensable de connaître la structure d'une entreprise.

La philosophie managériale actuelle.

En France, la majorité des organisations ont encore une forme hiérarchique pyramidale et celle-ci a des implications non négligeables sur la philosophie managériale de l'ensemble de l'entité. A la tête de la plupart des entreprises – du moins les plus importantes – on trouve généralement un Président ou un Président-Directeur-Général et tous ses collaborateurs proches qui constituent l'équipe dirigeante. Puis viennent ensuite les cadres supérieurs, les cadres « moyens », les agents de maîtrise – ou les « gradés » dans le secteur de la banque – et enfin les employés. Le pouvoir de décision vient d'en haut et *« quand le président tousse, tout le reste de l'entreprise s'enrhume ! »* Simple métaphore pour bien montrer que le pouvoir de décision vient du haut de la hiérarchie et que l'aptitude à manager ses collaborateurs dépendra – non pas des diplômes ou de sa formation d'origine – mais de la capacité qu'aura le cadre à prendre du recul afin de pouvoir gérer au mieux à la fois son anxiété et son angoisse, en d'autres termes, son stress. Et c'est là que le bât blesse. Nous avons souvent constaté que le manager – ou toute autre personne au sein de l'entreprise – qui était incapable de gérer le stress lié à sa fonction pouvait devenir très rapidement si ce n'est un harceleur, du moins un sujet capable d'utiliser des modes de fonctionnement semblables à celui-ci.

Claude B. et « l'effet-cascade »

Claude B. est sorti d'une école de commerce il y a environ trois ans et après avoir occupé un poste de chargé d'affaires professionnel, on lui offre, dans le cadre d'une promotion, un poste de sous-directeur au sein d'une banque parisienne, fonction qu'il accepte tout de suite.

J'ai eu l'occasion de le rencontrer au cours d'un séminaire de management où, avait-il confié, il venait améliorer sa façon de communiquer, celle-ci lui posant quelques problèmes en particulier vis-à-vis de certaines personnes de son équipe.

À l'évidence, Claude est un anxieux de nature. Non seulement il se ronge les ongles pendant toute la durée du séminaire mais, malgré une mise en confiance, il n'arrive pas à s'intégrer au groupe allant même jusqu'à avoir des comportements agressifs vis-à-vis de ses collègues quand ceux-ci le poussent à participer à des jeux de rôle.

Quelques semaines plus tard, à l'occasion d'un nouveau séminaire, je rencontre deux membres de son équipe : une jeune femme d'une trentaine d'années dont la symptomatologie dépressive ne fait aucun doute et un homme d'environ quarante ans, tous deux conseillers de clientèle. On leur avait vivement « conseillé » de venir à ce séminaire pour améliorer leur communication. C'est par la suite que j'apprendrai que ce « conseil » émanait de leur sous-directeur. C'est cette jeune femme qui se confiera en premier. Le descriptif de son expérience me conduira rapidement à poser l'hypothèse d'un harcèlement dans un contexte que je souhaiterais décrire.

De par sa position, Claude B. avait été placé sous l'autorité d'un directeur d'agence d'une cinquantaine d'années qui souffrait d'une peur constante : celle de ne jamais atteindre les objectifs commerciaux qu'on lui fixait. Avant l'arrivée de Claude, le poste de sous-directeur n'existait pas et plusieurs fois par jour, il avait donc pris l'habitude de vérifier systématiquement où en étaient ses collaborateurs au niveau de leurs résultats. Ce type de comportement semblait être en étroite relation avec celui de son supérieur immédiat qui en avait fait, pour reprendre les dires de cette jeune femme, un bouc émissaire, allant parfois jusqu'à le traiter d'incapable devant ses clients et ses collaborateurs. Quand Claude B. arrive au sein de cette agence, son directeur lui confie une partie de ses responsabilités notamment celle de motiver ses troupes en vérifiant, entre autre, les résultats des différents commerciaux. Mais en lui confiant cette responsabilité, ce directeur avait aussi transmis à Claude à la fois son angoisse et son anxiété et jamais il ne sera en mesure de les gérer. Par peur d'être rétrogradé dans son ancienne fonction ou d'être tout simplement remercié, Claude se conduit très rapidement d'une façon inhumaine : il se met à insulter tout le monde en réunion, traite d'incapable tous les collaborateurs de son équipe et explique, quand on le critique, que c'est pour leur bien qu'il se comporte ainsi. Il va même un jour jusqu'à traiter cette jeune femme de débile la menaçant des pires représailles si elle n'améliorait pas rapidement ses scores. Son homologue masculin tout en confirmant les dires de sa collègue, m'explique à son tour que le plus étonnant dans cette

*histoire, c'est que non seulement les résultats de toute l'équipe conti-
nuaient de chuter mais que tout le monde savait pertinemment – y
compris la hiérarchie – qui en était le principal responsable.*

Dans cet exemple, deux phénomènes sont étroitement liés. Le premier concerne la
structure même de l'entreprise, le second, la personnalité du cadre en question et, en
particulier, sa capacité de résistance au stress. La forme pyramidale de la majorité des
entreprises favorise ce que nous appelons **« l'effet-cascade ».** Ainsi quand des
objectifs commerciaux, par exemple, sont fixés par les membres de la direction
générale – les cadres dirigeants – et qu'ils sont ensuite transmis vers la base – les
employés – par l'intermédiaire des différents responsables – les cadres –, il n'est pas
rare que le stress associé à ces objectifs soit directement proportionnel au nombre de
strates qui compose la hiérarchie de l'entreprise. Dans cette perspective, **c'est** bien évidemment **le collaborateur de base qui devra supporter tout le stress
accumulé tout au long de la hiérarchie.** Il est rare que les dirigeants aient tout
à fait conscience des conséquences de leurs décisions sur le terrain et, en particulier, de
la façon dont celles-ci sont transmises par certains de leurs collaborateurs. Si la légitimité de ces décisions prises au sommet n'a pas à être remise en cause, encore faudrait-
il **tenir compte de la capacité des managers à gérer leur stress dès lors
qu'il est question de transmettre des objectifs.** Ceux qui en sont incapables
peuvent devenir, très rapidement, de véritables tortionnaires au sein de leur entité
(comme ils ont peur, ils font peur également à leurs collaborateurs et ainsi de suite).
Cette forme de management ne conduit pas forcément à un processus de harcèlement.
En revanche, la fragilité psychologique de certaines personnalités incapables de gérer
leur stress peut expliquer la genèse de ce type de comportement.

Il existe également un autre phénomène – rarement évoqué
dans les organisations – et qui pourtant a des incidences sur la
perception que peuvent avoir certains collaborateurs de leur
entreprise en général et du management en particulier. Il
concerne la personnalité des dirigeants ou des responsables de
service et de leurs comportements.

L'exemple de François a un retentissement sur toute la société

François G. est Directeur du Marketing dans une société de cosmétiques. Il dirige un service d'une trentaine de personnes dont les trois quarts sont des femmes. Bien que marié, il a une liaison depuis quelques mois avec une jeune femme de la société – qui n'appartient pas à son service – avec laquelle il s'affiche aux yeux de tout le monde. Des quantités impressionnantes de remarques me sont parvenues aux oreilles. La plus fréquente concernait non pas la relation elle-même mais le fait qu'un des principaux responsables puisse s'afficher devant toute l'entreprise sans aucune retenue. « Comment voulez-vous que nos managers ou nos collègues nous respectent quand on voit ce qui se passe ici » m'avait confiée un jour une personne de l'entreprise.

Il va de soi que la valeur de l'exemple a un retentissement sur l'ensemble de l'organisation : comment peux-t-on parler d'éthique et de management et, dans le même temps, aller à l'encontre de ce que l'on affirme ? Sans bien s'en rendre compte, certaines personnalités légitiment ainsi autour d'eux, par leur comportement, certaines dérives – qu'il s'agisse du harcèlement moral ou du harcèlement sexuel – qui ne devraient pourtant pas être tolérées dans l'organisation. Il est certain qu'il doit être beaucoup plus difficile de critiquer ou d'empêcher un harcèlement – quelle que soit sa nature – quand on a été ou que l'on est toujours un harceleur.

Sans le savoir, une jeune femme demande conseil à un ancien harceleur

Une jeune femme qui venait d'intégrer une société d'assurances était victime d'un harcèlement (sexuel) depuis déjà plusieurs semaines quand elle décida d'aller voir son Responsable des Ressources Humaines qui consentit à la recevoir. Elle fut extrêmement déçue par l'entre-

tien qu'elle eut avec lui, celui-ci s'étant efforcé de relativiser son vécu en lui expliquant que de tels phénomènes étaient relativement fréquents au sein des organisations, qu'il était difficile d'y échapper, etc. sans proposer la moindre solution.

Ce n'est que beaucoup plus tard que j'appris que ce responsable avait eu pendant sa carrière des ennuis pour « harcèlement sexuel ». Comment pouvait-elle se douter qu'après de tels agissements, on ait pu lui confier de telles responsabilités ?

Passons maintenant à ce qu'est le harcèlement moral et intéressons-nous à ses modalités et à ses différentes phases. Être capable de lutter contre un phénomène de cette nature, c'est d'abord être en mesure d'en identifier les prémices, de la manière la plus fine qui soit. Réussir à s'affranchir de ce qui peut être une spirale infernale nécessite donc qu'on repère au plus vite le phénomène notamment avant qu'il ne dégénère. Le mal est insidieux – c'est d'ailleurs ce qui fait sa force – la tâche est parfois difficile mais on peut le combattre.

2 | COMMENT UN HARCÈLEMENT PSYCHOLOGIQUE SE DÉROULE-T-IL ?

BIEN QUE LES DIFFÉRENTES PHASES DU HARCÈLEMENT aient été largement décrites par plusieurs auteurs, il nous a semblé indispensable d'y revenir. Bien souvent, nous avons en effet remarqué que la réalité de terrain ne corroborait pas toujours les différentes descriptions déjà faites. Ainsi, nous n'avons jamais rencontré de personnes – comme l'affirme Marie-France Hirigoyen[1] – qui aient subit un harcèlement moral qui aboutisse à un abus sexuel. En revanche, nous avons recueilli plusieurs témoignages de personnes qui avaient été victimes, tout d'abord, d'un harcèlement sexuel et, ensuite, d'un harcè-lement moral : sans doute, une conséquence de leur refus.

1. Hirigoyen M.F., *Le harcèlement moral. La violence perverse au quotidien*, Paris, Syros, 1998.

Jean-Pierre avait d'abord refusé les avances de sa responsable avant d'être harcelé psychologiquement par elle

Jean-Pierre D. est un jeune homme d'une trentaine d'années, acheteur dans une centrale d'achat de la région parisienne depuis environ 5 ans. C'est un personnage dynamique, apprécié par ses collègues, plein d'humour, selon son assistante. En début d'année, son responsable lui a présenté celle qui allait le remplacer dans son poste Hélène B, une femme d'une quarantaine d'années, extrêmement coquette, qui allait donc devenir sa responsable. Jean-Pierre eut une première impression assez positive, sentiment d'ailleurs partagé par la plupart des membres de son équipe.

Après une période d'accompagnement d'une quinzaine de jours, Hélène B. prit officiellement ses fonctions et comme le veut la tradition un pot fut organisé au sein du service pour fêter son arrivée et, dans le même temps, fêter le départ de son prédécesseur. Hélène B. en profita pour faire connaissance un peu plus avec les membres du groupe, en particulier Jean-Pierre, qu'elle ne quitta d'ailleurs pratiquement pas de la soirée. Comme c'est souvent le cas dans ce type de réunion, tout le monde le remarqua excepté le principal intéressé mais finalement n'allaient-ils pas travailler ensemble ?

Comme leurs relations professionnelles étaient proches, chacun prit bientôt l'habitude de les voir ensemble et comme cela se produit très souvent dans ce type de situation, certaines rumeurs commencèrent à se propager dans la société. Comme on pouvait s'y attendre, elles parvinrent aux oreilles de Jean-Pierre et bien qu'elles provoquèrent chez lui de la colère, il préféra finalement en relativiser l'importance. Il prit toutefois conscience que l'attention que lui portait sa responsable était progressivement en train de dépasser la dimension strictement professionnelle. Un jour, qu'ils étaient seuls dans le bureau, elle lui avoua, sans détours, « qu'elle avait envie de lui depuis longtemps »[1].

© Éditions d'Organisation

---

1. Je reprends les termes tels qu'ils m'ont été rapportés même s'ils peuvent surprendre.

Jean-Pierre fut abasourdi par cette déclaration à laquelle il ne s'attendait pas et c'est d'ailleurs à cette occasion qu'il décida d'en parler à son meilleur ami qui eut, selon lui, quelques difficultés à le croire.

Plusieurs fois, elle revint à la charge, ses demandes devenant à chaque fois, de plus en plus pressantes. Jean-Pierre ne savait pas comment réagir et était profondément troublé par cette situation jusqu'au jour où il apprit au détour d'une réunion que cette femme avait déjà été « remerciée », peu de temps auparavant pour un problème similaire, dans un autre poste. Or, comme son mari était l'un des principaux dirigeants de la société — mais sur un autre site — on n'avait pas osé la licencier. Il apprit ainsi que dès qu'elle voyait un « beau gosse », elle ne pouvait s'empêcher de lui faire des avances. Sans doute cette nouvelle lui donna-t-elle du courage car peu de temps après, il décidait de la rencontrer dans son bureau pour lui expliquer qu'il fallait absolument qu'elle cesse. Dans le même temps, il lui fit comprendre qu'il savait dans quelles conditions on lui avait proposé son poste actuel. Pendant ce qui fut un monologue, elle resta silencieuse se contentant de sourire. Son regard et son apparente décontraction, confia Jean-Pierre à son ami, l'avaient terriblement mis mal à l'aise.

Pendant les quelques semaines qui suivirent, il ne se passa rien de particulier jusqu'au jour où elle annonça à toute l'équipe, à l'occasion d'une réunion, son souhait de prendre toute une série de mesures pour optimiser le fonctionnement du service. Ainsi avait-elle décidé de réorganiser les différents bureaux et de « requalifier » les différentes tâches de chacun. Jean-Pierre, qui avait tout de même un statut de cadre et qui était son principal interlocuteur, n'avait pas été une seule fois consulté. Elle commença par lui supprimer son bureau en lui expliquant que celui-ci serait beaucoup plus utile pour les réunions collectives (Il est vrai que Jean-Pierre passait beaucoup de temps avec les représentants dans d'autres bureaux prévus à cet effet et beaucoup moins de temps dans le sien). Pour faire passer la pilule, elle lui octroyait toutefois une partie du sien dont la surface, il est vrai, était importante. Il n'avait qu'un simple déménagement à faire, tout cela serait rapide. Il se retrouva donc dans le bureau de sa responsable, une situation qui ne l'enchantait guère.

Après la réorganisation physique du service, elle décida de « requalifier », comme prévu, les tâches et les responsabilités de chacun. L'équipe était composée d'une douzaine de personnes. Elle commença par confier de nouvelles responsabilités à chaque membre de l'équipe, un geste qui fut apprécié par tous, chacun devenant, en effet, beaucoup plus autonome. Jean-Pierre s'attendait également à ce qu'elle lui délègue une partie de ses propres fonctions. Ce ne fut malheureusement pas le cas. Elle devança d'ailleurs ses questions en justifiant ses décisions — « elle s'était occupée du plus urgent » — et lui précisa qu'elle étudierait la question de son poste un peu plus tard. Jean-Pierre mit quelques temps à comprendre un élément important qui lui avait complètement échappé : en confiant de nouvelles responsabilités aux différents membres de son équipe, elle lui avait enlevé une partie des siennes. C'est à partir de ce moment-là que les choses commencèrent à se compliquer.

Se retrouvant dans le même bureau que sa responsable, il comprit, très rapidement qu'il perdait une grande partie de son autonomie. Il attendait désespérément sa ligne téléphonique. A sa question, elle répondait invariablement qu'on allait venir la lui installer mais, en attendant, il pouvait utiliser son téléphone. Malheureusement à chaque fois qu'il voulait le faire, elle avait systématiquement besoin d'appeler un correspondant en urgence. Un matin, fatigué d'attendre, il contacta directement le technicien de l'entreprise qui s'occupait, entre autre, des lignes téléphoniques pour apprendre que jamais personne ne lui avait fait part de cette demande. Cet « incident » eut le mérite de faire prendre conscience à Jean-Pierre qu'il devait être sur ses gardes.

Un jour qu'il était à son bureau, elle l'apostropha assez violemment remettant en cause la politique tarifaire qu'il avait négociée avec plusieurs fournisseurs : « On est ici pour gagner de l'argent, pas pour faire des cadeaux ». Quand il voulut répondre, elle lui coupa immédiatement la parole en lui signifiant que sa réponse ne l'intéressait pas. Un autre jour, alors qu'elle s'entretenait avec un de ses homologues, elle se mit à parler de lui en des termes peu élogieux, voire grossiers : « Tu sais dans notre fonction, notre plus gros problème, c'est qu'on est entouré d'incapables et je sais de quoi je parle ». Dans le même temps, elle l'avait regardé (leurs bureaux étaient l'un en face de l'autre). Il tenta de réagir en lui expliquant qu'il ne se sentait pas du tout incapable. Elle fit mine de ne pas comprendre et, devant son insistance, elle finit par le traiter de « paranoïaque ». Et cette façon de procéder commença à s'installer dans le temps. Les remarques se firent plus acerbes : « Je me demande pourquoi tu occupes ce poste », plus cruelles : « Tu sais que tu n'es pas le seul acheteur sur le marché », plus fréquentes. A chaque fois qu'il tentait de réagir, elle lui reprochait sa susceptibilité ou lui conseillait, d'un ton compatissant, d'aller consulter un psychologue. Un jour devant toute l'équipe, elle lui reprocha de ne plus être à la hauteur de son poste et lui confia s'interroger sur son avenir au sein de sa société. Dans le même temps, l'ambiance autrefois bonne dans le service commença à changer. Les gens se parlaient moins et n'échangeaient pratiquement plus après les horaires. Chacun avait la nette impression que tout le monde attendait avec impatience la fin de la journée pour se sauver.

Un jour, à la cafétéria, Jean-Pierre expliqua à son ami avoir quelques doutes sur ses compétences et lui avoua même avoir pensé à changer de métier. Celui-ci eut beau le rassurer et tenter de le raisonner, rien n'y fit. D'ailleurs, d'après son collègue, Jean-Pierre avait déjà les symptômes de quelqu'un qui commence à perdre pieds. C'est d'ailleurs à partir de cet épisode que son ami décida d'aller directement voir le DRH, un homme de terrain réputé et reconnu, qu'il connaissait personnellement, pour lui faire part, de façon informelle, de ce qui était en train de se passer. Il lui raconta l'histoire en occultant volontairement l'épisode du harcèlement (sexuel). Il l'écouta attentivement et poliment, et à la fin de l'entretien, il lui fit la promesse de faire le nécessaire et d'en parler à la personne intéressée. Il pensait que son DRH allait d'abord en parler à

Jean-Pierre mais c'est sa responsable qu'il rencontra en lui rapportant le détail de son entretien. Le lendemain, Jean-Pierre et son collègue étaient tous deux « invités » dans le bureau de Madame Hélène B. et pendant une dizaine de minutes, elle leur expliqua que tous les problèmes relatifs au service devaient être résolus à l'intérieur de celui-ci et qu'elle était d'ailleurs là pour ça. Quinze jours après, on confiait au collègue de travail de Jean-Pierre d'autres responsabilités, dans un autre secteur de l'entreprise (alors qu'il n'avait rien demandé). Un mois après il donnait sa lettre de démission.

Il apprit quelques semaines après avoir quitté sa société que son ami Jean-Pierre avait été arrêté par son médecin traitant pour une sévère dépression. C'est son assistante qui lui avait annoncé la nouvelle comme elle lui confia la version « officielle » de Madame Hélène B. qui avait raconté à toute l'équipe que Jean-Pierre avait été obligé de prendre quelques jours de repos pour « surmenage ». Pendant quelques mois, l'ami de Jean-Pierre fut ainsi le témoin in situ du déclin progressif d'une personne pleine de vie – et qui, selon lui, était loin d'être quelqu'un de passif – comme il put voir combien les gens de son entourage professionnel proche avaient manqué de lucidité mais aussi de courage pour intervenir. La seule personne à qui il avait fait appel –et en qui il avait toute confiance – avait sans doute sous-estimé la gravité de la situation.

Si le harcèlement sexuel peut-être suivi d'un harcèlement moral, il semblerait que le phénomène soit assez rare. La plupart des études ont également montré qu'il est beaucoup plus fréquent de voir des hommes harceler sexuellement des femmes que l'inverse. Nous avons souvent constaté que la situation rencontrée la plus répandue est le harcèlement psychologique, parfois le harcèlement sexuel[1] – peut-être aussi en parle-t-on moins – mais **rarement les deux ensemble.** Dans cette perspective, nous rejoignons la position de H. Leymann.

© Éditions d'Organisation

---

1. Le Bureau International du travail estime environ à 2 % le nombre de personnes victimes d'un harcèlement sexuel dont en majorité des femmes notamment de moins de 25 ans et dans des situations précaires.

Si le harcèlement psychologique relève d'un processus que l'on peut identifier à travers un certain nombre de phases et de comportements, le plus important reste la souffrance de la victime. Le processus de destruction d'un individu peut être protéiforme, **notre critère n'est pas tant le déroulement – bien que celui-ci demeure important – mais l'intensité de la souffrance vécue par le sujet,** une dimension que l'on a tendance à relativiser, voire à refuser tout simplement. Il est vrai que celle-ci dérange mais n'a-t-on pas tendance à oublier qu'elle peut être d'un coût tout à fait colossal pour l'entreprise si l'on prend en considération les arrêts maladie, le turn-over, la baisse de la motivation et de la vigilance, les accidents, etc. ?

Le déroulement que nous qualifierons de « classique » du harcèlement signifie, tout simplement, que les différentes phases du processus seront présentes, cela n'empêchera nullement ce processus d'être accompagnée de variantes.

> ***Première phase :** l'interaction de trois éléments, le conflit, la personnalité de l'agresseur et la culture de l'entreprise.*

Pour H. Leymann, la première phase – de ce qu'il appelle la « psychoterreur » – résulte d'un conflit non résolu ou mal résolu qui dégénère[1]. L'approche de M.F. Hirigoyen[2] est en désaccord avec cette thèse puisqu'elle considère que c'est justement à cause de l'incapacité à mettre en place un conflit que l'on peut aboutir à un harcèlement moral qui se caractériserait, d'après elle, par une agression, c'est-à-dire un comportement

© Éditions d'Organisation

---

1. H. Leymann (1996), op. cit.
2. M.F. Hirigoyen (2001), op. cit.

avec l'intention de blesser l'autre. Pour nous il n'y pas d'anta-
gonisme entre ces deux notions mais plutôt un continuum : le
conflit pouvant déboucher sur une agression. Sur le terrain,
ces deux cas de figure existent bel et bien mais ils ne constituent pas à eux seuls un système explicatif suffisant. Selon
nous, on ne peut les dissocier de deux autres paramètres qui
sont eux-mêmes en étroite relation : d'une part **la personnalité de l'agresseur** – ou le cas échéant, sa psychopathologie –
et d'autre part **la culture de l'organisation** et ses modes de
fonctionnement.

Quand on parle de personnalité de l'agresseur, il est indispensable de ne pas confondre deux notions. D'un côté, nous
avons ce qu'on appelle « la structure » de personnalité d'un
sujet (ou le caractère), de l'autre la pathologie avérée, c'est-à-
dire la maladie[1], la structure de personnalité étant du côté de
la psychologie, la maladie, du côté de la psychopathologie.

Quand on entend, dans le langage courant que telle personne
est « paranoïaque », bien souvent on fait implicitement référence à une structure de personnalité, c'est-à-dire une organisation particulière du Moi qui peut exister sans aucun
symptôme clinique véritablement pathologique. Ainsi une
structure de personnalité paranoïaque (ou un caractère paranoïaque) se caractérise par l'association d'un ensemble de
traits (méfiance, psychorigidité, hypertrophie du moi et un
trait essentiel qui est la fausseté du jugement[2]). Comme nous
le verrons cette structure possède la particularité d'être extrêmement répandue chez les hommes – plus rarement chez les
femmes – et dans le cas particulier de l'entreprise, chez la plupart de tous ceux qui sont en position de pouvoir.

---

1. Bien que l'une et l'autre puissent parfois coïncider.
2. Qui est une tendance à interpréter, de façon fausse, des données justes.

La pathologie paranoïaque se caractérise par un délire inter-prétatif, logique, bien construit, qui peut progressivement débuter sur un caractère paranoïaque, le tout vécu en pleine lucidité. Fort heureusement, elle est beaucoup plus rare en entreprise même si elle existe.

Concernant l'organisation – sa culture et son mode de fonctionnement – on ne peut la dissocier véritablement de la personnalité de ses dirigeants c'est-à-dire de ceux qui détiennent le pouvoir et qui ont la totale liberté quant à la prise de décision. Il est incontestable, selon nous, que la personnalité d'un dirigeant colore ou façonne, en grande partie, la culture de l'entreprise et, par conséquent, la façon dont les collaborateurs seront managés.

Un directeur général, s'il souffre de symptômes dépressifs, aura probablement tendance à faire sombrer son équipe et son entreprise dans l'inertie, le conservatisme à cause de cette impossibilité de se projeter dans le futur.

Un responsable qui possédera une structure de personnalité paranoïaque aura tendance à vivre dans la méfiance et dans la suspicion et finira pas s'isoler, laisser ses barons gouverner à sa place. Même si cette vision des choses n'est pas toujours partagée, il n'en de demeure pas moins que notre connaissance des entreprises et de ses dirigeants ne nous a jamais démontré le contraire.

Mais revenons au conflit – ou à l'absence de conflit – et aux interactions qui peuvent exister avec la personnalité de l'agresseur et la culture de l'entreprise dans laquelle il travaille.

Le conflit peut être clairement exprimé

Daniel P. et Laëticia C., un conflit qui se cristallise

Daniel P. est responsable d'une petite ligne de production dans une entreprise industrielle qui produit et assemble des dispositifs qui relèvent de la haute technologie à destination de l'aéronautique spatiale et militaire. Chaque composant est comptabilisé comme toutes les pièces assemblées y compris celles qui sont défectueuses. Il dirige, d'une manière autoritaire, une équipe d'une vingtaine de femmes. Deux d'entre-elles viennent d'être embauchées : Laëtitia C. et Caroline G., elles ont environ une trentaine d'années et d'après ce qu'elles ont pu déjà confier à certaines de leurs collègues, elles ne sont guère enthousiasmées par ce type de poste et le quitteront dès qu'elles auront trouvé mieux. Agent de maîtrise depuis plus de 10 ans, Daniel est considéré par les membres de son équipe comme quelqu'un de rigide qui ne supporte pas la critique, il n'a que faire de ses employées qui sont là comme il le soulignera un jour « pour faire leur boulot et se taire ». Une petite précision : Daniel est rentré dans cette entreprise il y a une vingtaine d'années comme simple monteur et il a réussi à gravir les échelons pour devenir contremaître.

Un jour en passant devant la jeune Laëtitia C., il la surprend en train de fumer (en fait elle tentait de dissimuler sa cigarette). Il lui demande de venir le voir à la pause dans son bureau, ce qu'elle fait. Une fois la porte fermée, il l'invective tout en lui expliquant l'incidence qu'aurait pu avoir sa cendre de cigarette sur les circuits qu'elle assemble. Elle lui tient tête en lui expliquant que si elle comprend tout à fait sa remarque, elle n'accepte pas la façon dont il lui parle. Il lui demande de sortir et retourne peu de temps après à son poste de travail.

Dans les jours qui suivent, il se met à la surveiller. Il la regarde sans rien dire, reste derrière elle de longues minutes en silence et soupire bruyamment, tout en haussant les épaules quand elle se retourne.

© Éditions d'Organisation

Malgré le caractère désagréable qu'elle ressent de la situation, elle ne dit rien. Ce comportement s'étale ainsi sur une dizaine de jours. Entre-temps, le responsable de recrutement de l'entreprise s'était rendu sur le poste de travail pour prendre des nouvelles de ces deux jeunes femmes qu'il avait embauchées. Si Caroline eut la possibilité de s'exprimer, ce ne fut pas le cas de Laëtitia que Daniel remis en place à l'instant expliquant au responsable de recrutement qu'il la tenait à l'oeil, celle-ci ayant faillit détruire les circuits qu'elle assemblait. Elle voulut répliquer : il ne lui en laissa pas le temps, la menaçant explicitement devant celui qui l'avait recruté – et qui resta silencieux – : « N'oubliez pas que vous êtes encore en période d'essai ».
Le conflit entre Daniel P. et Laëtitia C. était inévitable. Sa cristallisation se confirmera par la suite avant de déboucher sur un harcèlement.

Fort heureusement, tous les conflits ne connaissent pas une telle issue. Quoi qu'il en soit, le cas que nous venons d'exposer est tout à fait révélateur de l'interaction qui peut exister entre la personnalité d'un « chef » – possédant quelques traits paranoïaques[1] –, la légitimation de son comportement par un tiers qui reste silencieux quand il agresse son employée et dramatise la situation – le responsable de recrutement – et les exigences d'un secteur qui n'a manifestement pas droit à l'erreur (la culture de l'entreprise associée probablement à cette fameuse idéologie de l'excellence).

Le conflit peut être sous-jacent et non exprimé

Mais si certains conflits peuvent être à l'origine d'un harcèlement, il existe de nombreuses situations où ces derniers sont loin d'être exprimés, quand ils ne sont pas tout simplement absents.

---

1. Cette structure de personnalité, assez fréquente chez les hommes, est décrite dans le détail page 69.

Au moment de son recrutement Valérie R. avait senti que quelque chose n'était pas clair

Valérie R. a été recrutée comme conseiller d'accueil au sein d'une banque dans le Sud de la France. Elle a été embauchée directement par le cadre supérieur de son entité qui dirige son groupe avant d'être reçue successivement par son directeur d'agence et son responsable des ressources humaines qui ne feront, en fait, qu'entériner la décision déjà prise. Valérie est une jeune femme combative, intelligente et réellement motivée par ce poste. Elle est rentrée dans ce secteur d'activité avec la promesse d'y évoluer très rapidement : son D.U.T Technique de commercialisation et une expérience significative dans différents secteurs des services devraient l'y aider.

Dès son arrivée dans la banque, son responsable administratif, Pierre T. manifeste à son égard une aversion certaine. C'est un homme caractériel décrit par ses proches comme quelqu'un d'obsessionnel, en réalité il possède des traits tout à fait spécifiques d'une personnalité paranoïaque. Il ne supporte ni la critique, ni qu'on lui tienne tête, il est autoritaire et a un profond mépris pour tout le personnel non cadre qu'il mène à la baguette ainsi que pour ses clients. Il sait toutefois se montrer aimable en particulier avec le directeur d'agence — qui, par ailleurs l'apprécie pour la qualité de son travail — avec lequel il entretient, toutefois, une attitude ambivalente.

Tout est prétexte pour mettre Valérie R. en difficulté. Dès qu'il le peut, il lui fait des remarques des plus désobligeantes sur son travail — qu'elle reconnaît ne pas maîtriser pour le moment — et il se moque éperdument que des clients soient présents à ce moment-là. Jamais il ne lui prodigue le moindre encouragement et il excelle dans la critique. Il lui arrive de plus en plus souvent de lui balancer des documents sur son bureau sans rien lui dire. Il est connu dans son agence pour avoir un style de management tout à fait insolite qui donne des résultats, ce qui le rend très apprécié par la hiérarchie. Une de ses collègues confiera un jour à Valérie que Pierre T. « est à lui seul un obstacle à la communication, tout le monde le sait mais personne ne fait rien ».

Valérie reste toutefois aimable avec son entourage, avec Pierre T., qu'elle craint et qui la terrorise par sa seule présence. Les jours passent puis les semaines. Valérie G. est appréciée par ses clients et ses collègues mais le comportement de son responsable ne change pas, bien au contraire.

Nous aurons l'occasion de revenir sur ce cas qui, comme le précédent, évoluera vers un harcèlement des plus graves qui se terminera par des problèmes de santé importants qui nécessiteront plusieurs semaines d'arrêts de travail.

Si dans le cas de Laëtitia C. l'origine du conflit était clairement identifiable, ce n'est plus du tout le cas ici. Plusieurs mois après, nous apprenions de cette jeune femme — qui entre temps avait changé d'agence (à sa demande) — que dès le départ, elle avait « senti » qu'il « y avait quelque chose qui ne semblait pas clair » lors de l'entretien de recrutement qu'elle avait eu avec son directeur d'agence. Cette impression nous motiva à lui faire part de deux hypothèses.

Dans son recrutement, c'est un cadre supérieur qui l'avait embauchée. Le directeur d'agence et le responsable des ressources humaines n'avaient pas eu d'autre choix que de cautionner la décision déjà prise par ce cadre supérieur. Cette façon de procéder n'avait guère dû leur plaire, leur zone de pouvoir — si on se réfère à une lecture plus sociologique de l'organisation — ayant été remise, pour chacun d'entre-eux, en question.

Dans notre seconde hypothèse, nous émettions l'existence d'une autre candidate pour ce poste qui avait déjà été acceptée par le directeur d'agence et le responsable des ressources humaines mais qui, en revanche, ne l'avait pas été par le cadre supérieur.

Quoiqu'il en soit, si on peut supposer qu'un conflit non exprimé ait pu exister entre ce cadre supérieur et ses deux collaborateurs[1], on retrouve encore les deux caractéristiques qui ont joué un rôle manifeste dans ce qui deviendra un harcèlement. D'une part, la personnalité pathologique du responsable administratif, d'autre part, la légitimation

---

1. Ou l'un d'eux, tous les cas de figure restent possibles.

implicite de son comportement par le directeur d'agence — qui était un témoin privilégié de ces scènes — voire de la hiérarchie, elle-même garante du bon fonctionnement institutionnel (la culture de cette banque) quels que soient les moyens utilisés.

L'absence de conflit et la question du « bouc émissaire »

Il existe aussi un cas assez fréquent où manifestement, il n'y a ni conflit identifié, ni conflit sous jacent ayant une cause explicative : il s'agit du « bouc émissaire ».

Myriam P. : le « bouc émissaire » de Gérard D.

Myriam P. est issue d'une école de commerce et vient d'être recrutée pour occuper un poste de chargée d'affaires. Après un stage de quelques mois au sein d'une agence — où tout s'est bien déroulé — elle est mutée dans une nouvelle entité. C'est une jeune femme intelligente, combative et particulièrement motivée par ce nouveau challenge. Dès son arrivée, elle est prise en charge par son directeur, un homme, de prime abord, tout à fait sympathique qui la présente à toute l'équipe. Elle ne fait la connaissance du sous-directeur Gérard. D. que quelques jours plus tard, celui-ci étant en congé.

Le premier contact avec Gérard D. est assez froid, le jour où elle le rencontre. Elle lui tend la main pour le saluer, il lui répond par un hochement de tête. Elle ne s'en offusque pas pour autant. Quand elle lui demande s'il a un moment à lui consacrer pour lui donner quelques informations sur un dossier en cours, il lui répond d'un ton sec que, vu son poste, elle doit être en mesure de trouver toute seule les éléments de réponse qu'elle recherche. Pour elle, cet accès de mauvaise humeur ne peut être que passager.

La standardiste est le témoin de la scène et elle juge nécessaire de prévenir Myriam : Gérard D. se conduit de cette façon avec toutes les nouvelles embauchées. Ce comportement ne concerne jamais les hommes. Elle lui suggère de ne pas se laisser faire comme ses prédécesseurs dont certaines ont préféré quitter leur poste. Myriam écoute d'une oreille attentive et la remercie de son intervention mais sans doute a-t-elle exagéré, pense-t-elle ? Si cela avait été vrai, me confia-t-elle, il n'y aurait eu aucune raison pour que son directeur ne mit pas fin immédiatement à ce type de comportement.

Dans les jours qui suivent, le comportement de Gérard D. ne change pas. Quand elle prend un café avec ses collègues au sous-sol, il vient systématiquement la chercher et devient de plus en plus odieux. Un jour, il lui demande de « se remuer les fesses » devant un de ses clients : la surprise est telle qu'elle se sent incapable de répondre. N'en pouvant plus elle lui demande un matin — prenant à témoin, une de ses homologues — les raisons qui le motivent à se conduire de cette façon. Il ne répond pas directement à la question se contentant simplement de lui dire, en prenant un air dépité, qu'elle a encore beaucoup de choses à apprendre sur son métier et l'entreprise. Tout le monde est le témoin de cette situation : ses collègues et ses homologues d'une part, son directeur — qu'elle est allée voir mais qui ne fait rien — son amie standardiste qui compatit et lui rappelle la discussion qu'elles ont eue.

Un jour, à l'occasion d'un séminaire de formation portant sur la fiscalité des entreprises, elle fait la connaissance d'une de ses homologues — qui travaille dans une autre agence que la sienne — et de fil en aiguille, elle en arrive à parler de Gérard D. qui avait été, à une certaine époque, son collègue avant d'être promu sous-directeur d'agence. Elle lui explique ainsi, à la grande surprise de Myriam, qu'à l'origine, c'était une personne très appréciée par son entourage mais depuis qu'on lui avait offert sa promotion, il avait quelque peu « disjoncté » manifestant systématiquement son animosité vis-à-vis de toutes les jeunes embauchées. Jamais il ne l'avait ennuyé mais en revanche, il avait conduit quelques-unes de ses collègues vers la sortie. Myriam apprend un peu plus tard, au sein de son agence, que la personne qu'elle remplaçait, n'était pas en arrêt maladie « longue durée » pour des problèmes personnels mais bel et bien à la suite des agressions qu'elle avait subies de la part de Gérard D.

Vu la tournure que prennent les événements, je lui conseille de changer d'agence. Comme sa mutation était récente, et qu'il y avait, par conséquent, peu de chances que l'on accède à sa demande, elle décide d'aller en parler — non plus à son directeur, qui n'était pas intervenu — mais à son DRH. Elle reprendra contact avec moi quelques jours plus tard un peu déçue par l'entretien qu'elle avait eu avec lui. Elle apprendra ainsi qu'elle n'était pas la première à venir se plaindre auprès de lui mais qu'il n'avait malheureusement, pour reprendre son expression : « aucun pouvoir pour le déplacer », d'autant plus, qu'il était un des meilleurs commerciaux de son secteur.

Dans le cas présenté, il s'avère, une fois de plus, que l'agresseur semble souffrir de problèmes psychologiques, notamment vis-à-vis des femmes nouvellement embauchées qu'il ne supporte pas. Aucune raison particulière n'est invoquée pour expliquer ce comportement. En revanche, le témoignage de la jeune femme que rencontre Myriam lors d'un séminaire est intéressant. Selon elle, Gérard était autrefois apprécié et c'est après avoir été promu qu'il changera radicalement de comportement.

Beaucoup de personnes ignorent qu'une promotion est une source de stress considérable notamment pour ceux dont la personnalité n'est pas très « stable ». Il n'est pas rare — que des personnes compétentes à un niveau technique soient promues à un poste de manager sans avoir la moindre aptitude à gérer une équipe. Ce n'est pas parce que l'on a été un bon commercial, par exemple, que l'on aura les compétences nécessaires pour motiver une équipe de commerciaux. Ici se pose la question des critères de la mobilité interne pour faire évoluer des collaborateurs, notamment à de postes de direction.

Que Gérard soit compétent dans sa fonction, au niveau technique, nous n'avons aucune raison d'en douter. En revanche, qu'il possède une personnalité et un comportement suffisamment équilibrés pour manager son équipe, est beaucoup moins sûr et au regard des événements, nous pouvons en douter.

Il existe ainsi certaines personnes qui ont besoin – pour trouver un relatif équilibre, tant leur personnalité est fragile – d'agresser autrui constamment pour se sentir exister. Et il suffit d'être par ailleurs compétent à un niveau technique pour que, par magie, cette agressivité soit ignorée voire pardonnée : « *c'est vrai qu'il est pas facile mais il arrive à de tels résultats !* » Il est clair que dans le cas de Gérard D., son comportement est avalisé par l'entreprise – le directeur d'agence n'intervient pas – mais aussi par une personnalité qui préfère fuir le problème – le DRH – qui, comme il le confiera lors de l'entretien avec Myriam, n'a même pas le pouvoir de « déplacer » la personne en question. Ce terme est très révélateur : devant le caractère sérieux de ce qui se passe depuis des années, il n'est pas question de licencier ce personnage mais de simplement le déplacer. Une solution pour le moins éminemment responsable et éthique !

Seconde phase : la cristallisation et l'installation du harcèlement.

On ne sait pas pourquoi, d'un simple conflit ou d'un conflit sous-jacent non exprimé, ou d'une situation apparemment sans histoire, les événements dégénèrent. Aucune théorie n'est pleinement satisfaisante même si nous allons tenter d'en esquisser une. Cette cristallisation et cette installation du harcèlement peuvent se faire très rapidement même si cette seconde phase peut être confondue avec la première et dériver très vite vers la suivante.

Reprenons, pour illustrer nos propos, l'exemple de Valérie R. conseiller d'accueil dans une agence bancaire du Sud de la France.

Valérie R. voit Pierre T. refuser de communiquer avec elle

Pierre T., son responsable administratif, continue ainsi d'avoir avec elle pendant plusieurs semaines un comportement de plus en plus désagréable allant bientôt jusqu'à se transformer en véritable inquisiteur. Tout devient prétexte pour critiquer son travail et si certaines remarques sont fondées, d'autres ne le sont pas. Bientôt elles deviennent plus acerbes, plus caustiques. Plusieurs fois n'y pouvant plus, elle sortira de l'agence pour éclater en larmes. Bien évidemment ses collègues, tout comme le directeur et quelques cadres de l'agence, seront tous les témoins de cette souffrance. Comme c'est souvent la cas, personne n'aura, toutefois, le courage d'intervenir.

Un matin, elle essaye de s'expliquer avec lui, pour savoir ce qu'il peut lui reprocher, mais il ne lui en laisse pas le loisir prétextant qu'il n'a pas de temps à perdre. Une autre fois, alors qu'il était rentré brutalement dans son bureau sans même frapper, — alors que des clients étaient présents — il l'invective pour une erreur sur un dossier et ressort sans même s'excuser ni attendre de réponse. Elle tente de réagir, après que ses clients soient partis : il lui fait signe de se taire et lui rappelle de ne pas oublier qu'il est son chef. Un jour, il lui remet, au dernier moment, un dossier qu'elle doit compléter. Il lui demande de le lui rendre quand elle le peut. Elle le lui remet le jour-même : il lui reproche son manque de réactivité. Et cela dure — ce qui lui semble être une éternité — jusqu'à ce qu'elle tombe finalement malade.

© Éditions d'Organisation

Au retour d'un arrêt maladie de 15 jours, elle découvre avec surprise qu'elle vient d'être remplacée dans son poste et qu'on va désormais lui confier de nouvelles « responsabilités » notamment celle de classer les archives de sa banque et de répondre, le cas échéant, au téléphone. Pierre T. ne lui donne aucune explication qui puisse expliquer ce change- ment. Son directeur la recevra entre deux portes pour justifier sa décision : « J'en ai parlé avec Pierre T. qui m'a expliqué que l'on s'était trompé dans votre recrutement et que vous n'étiez certainement pas faite pour ce type de poste ». Valérie R. est effondrée et décide de ras- sembler ses forces pour aller voir son responsable des ressources humai- nes, lui confier ses déboires et redéfinir son poste.

*Il y a un crescendo dans le comportement de Pierre T. Il utilise une technique assez courante – et malheureusement relativement banale – : il refuse de communiquer directement avec sa victime. Il refuse de lui donner la moindre explication et se débrouille même pour la placer en situation d'échec. Bien entendu lorsqu'elle tombe malade, on peut supposer que Pierre T. n'a pas dû attendre très longtemps pour aller en parler à son directeur et lui signifier que Valérie n'était pas à sa place dans ce poste. Et sans doute réussira-t-il à le prouver très facilement : n'est-elle pas déjà en arrêt maladie ? Il est évident qu'elle manque de résistance et est incapable de gérer son stress. **La question des causes et des conséquences n'est pas une ques- tion abordée quand on est face à ce type de problème.***

Comme cela est souvent le cas, personne ne la défend. Comme nous le précisera un peu plus tard Valérie : « ce qu'il y avait de plus terrible dans cette situation, c'est que tout le monde voyait ce qui se passait mais personne ne m'a tendu la main... ».

C'est justement la question centrale qui nous préoccupe : quelle est donc l'origine de cet étrange comportement – qui empêche les responsables de stopper immédiatement, dès qu'ils le découvrent, ce type de pratique ?[1]

---

1. Nous aborderons cette question un peu plus loin, page 117 et suivantes.

Troisième phase : *la stigmatisation et la déstabilisation psychologique de la victime.*

Dans le cas que nous venons d'évoquer, il est clair que Valérie avait déjà, en grande partie, été déstabilisée par la pression constante que ce responsable lui faisait subir. En la changeant de poste on l'avait également déjà stigmatisée. En effet, il y aura toujours au sein de l'organisation des personnes dites « bien intentionnées » qui tireront des conclusions sans doute un peu hâtives du style : si on la change de poste, c'est bien sûr parce qu'elle est « nulle ». Ensuite, c'est la spirale infernale, un phénomène que l'on nous a souvent décrit et que nous souhaiterions, dès à présent, illustrer par un exemple.

Daniel V. est poussé, par un de ses collègues, à commettre des erreurs

Daniel V. est ingénieur dans un bureau d'études. Un de ses collègues, Joseph. J. plus ancien et plus expérimenté que lui, apprend au détour d'une conversation que Daniel va probablement bénéficier d'une promotion. Logiquement, il va donc devenir son supérieur et – bien que cette décision ne soit pas encore officielle – il n'accepte pas cette possibilité. Du jour au lendemain son comportement change radicalement vis-à-vis de Daniel. Il lui communique de fausses informations ou lui en dissimule. Il arrive même à lui faire croire, à l'occasion du déjeuner, que si on lui offre cette promotion, c'est pour mieux se débarrasser de lui par la suite.

Daniel en parle à son épouse qui lui explique que son collègue est certainement jaloux et lui conseille, tout simplement, de prendre un peu de recul. Cette vision extérieure le rassure quelque peu. Malheureusement, le lendemain, il est une nouvelle fois ébranlé par l'intervention de Joseph qui lui explique que sa promotion avait déjà été une stratégie utilisée pour licencier un collaborateur pour incompétence, « ça revient moins cher au patron ». Il lui demande, toutefois, de n'en souffler mot à quiconque. « Je me demande si tu dois vraiment accepter ce poste » lui confie-t-il ce jour-là. Bien qu'il ait toujours en tête les propos de sa femme, Daniel commence à s'inquiéter. Mais par peur du ridicule — il n'est certain de rien, en effet, il n'en parle à personne. Et puis, il y a toute une série de comportements qu'il n'avait pas remarqués jusqu'ici et qui commencent à lui poser question. Il y a ces conversations entre Joseph et ses collègues à la cafétéria et ses soudains silences quand il entre. Et puis, certains d'entre-eux ne lui serrent plus la main le matin quand ils arrivent. Certes, ça n'est pas très grave mais ça ne fait que conforter son malaise. Quand il leur en fait la remarque, ils lui répondent tout simplement qu'ils ont oublié. Il se demande s'il ne sombre pas dans la paranoïa.

Ces agissements — et il y en aura d'autres — finissent par le perturber au niveau de son travail qui nécessite de la rigueur et de concentration. Au bout d'une quinzaine de jours, il se met à douter de ses compétences — alors qu'il a toujours été jusqu'ici un excellent ingénieur — et vient même à se demander si Joseph n'a pas finalement raison quand il lui conseille de ne pas accepter son futur poste. Au niveau de son travail, il en vient à commettre des erreurs qui ont même tendance à se multiplier. Joseph en profite pour le faire savoir dans tout le bureau — et bien qu'il en soit quelque part responsable — il tente faussement de dédramatiser la situation en expliquant à Daniel que ce sont des choses qui arrivent. Daniel découvre peu à peu que si certaines erreurs techniques sont de son fait, ce n'est certainement pas le cas pour toutes. Daniel se sent de plus en plus mal et bien qu'il fasse tout son possible pour éviter d'autres erreurs, il découvre effaré, qu'il en fait de plus en plus. L'ingénieur responsable est même obligé de lui en faire part.

Dans cette phase les procédés qui sont utilisés pour cristalliser le conflit sont souvent de nature perverse. Ils ne doivent, cependant, pas être considérés comme spécifiques à *cette phase et peuvent être utilisés, pour détruire l'autre, dès le départ. Le comportement de Joseph peut être qualifié de pervers. Il manipule, en effet, son collègue avec le but que celui-ci finisse par commettre des erreurs. Il saisit, d'ailleurs, l'occasion pour le discréditer auprès de ses homologues dès que ses erreurs sont commises. Il construit également un argumentaire qui puisse faire peur à Daniel et il y réussit.*

Ce processus est assez classique dans le harcèlement. Le stress inhérent à la situation conduit, en effet, inévitablement la victime à des erreurs au niveau de son travail. Le fait que l'agresseur les pointe a pour effet d'en induire de nouvelles et ainsi de suite. Nous sommes dans un schéma circulaire où peu à peu, va exister une confusion entre la cause et les conséquences. Si la victime tente de réagir et essaie de légitimer son comportement ou d'expliquer pourquoi telle erreur s'est produite, il y a de fortes chances pour qu'elle ne soit plus perçue comme crédible.

Voici la description tout à fait révélatrice d'une personne ayant subit un harcèlement et que nous avons eu l'occasion de côtoyer pendant toute cette période et le témoignage de sa responsable des ressources humaines. La différence au niveau de l'analyse de la situation est énorme.

Christophe L., la confusion entre la cause et la conséquence

Christophe L. est assistant chef de produit dans une société spécialisée dans la vente par correspondance. Au retour de vacances, il découvre que son poste n'existe plus. Il va immédiatement voir son responsable qui lui apprend que son poste n'a pas été supprimé, comme il le croyait, mais « repensé » pour reprendre son terme. Cette nuance, Christophe va la comprendre très rapidement. Une grande partie de ses responsabilités a été supprimée : alors qu'il menait principalement des études de motivation, il découvre, stupéfait, qu'une grande partie de son temps consistera désormais à faire un travail de saisie.

Bien sûr, il réagit, tente de s'expliquer avec son responsable qui lui fait comprendre que son poste tel qu'il existait jusque-là était obligé d'évoluer. Christophe le prend très mal et explique qu'on est en train de le mettre au placard et qu'il voudrait savoir pourquoi. Les explications manquent de clarté et il prévient son responsable : il ira voir le PDG de la société et lui précise, en même temps, qu'il ne se laissera pas faire. Au passage, il lui rappelle que l'entreprise ne l'a pas embauché pour un faire un travail de saisie mais d'analyse. Son PDG accepte de le recevoir mais la secrétaire de direction lui précise qu'il ne pourra pas le faire avant une quinzaine de jours.

Pendant ce temps les choses se gâtent très rapidement entre Christophe et son responsable. Le matin, celui-ci ne lui serre plus la main et toute la journée, il fait tout pour ne plus avoir de contact direct avec lui. Quand son responsable a besoin de lui transmettre une information, il le fait, par l'intermédiaire de sa secrétaire, bien que Christophe soit capable de l'entendre : « Vous direz à Christophe que... ». Peu à peu le climat se dégrade et Christophe commence à déprimer mais il garde courage : il aura bientôt le RDV avec son PDG et tout rentrera dans l'ordre.

Le PDG le reçoit mais comme il avait appris de sa secrétaire qu'il s'agissait d'un différent entre cadres dont l'un avait des fonctions de management, il les invite tous les deux à l'entretien. C'est d'ailleurs son responsable qui s'exprime en premier. Christophe est dégoûté quand il entend celui-ci expliquer au PDG que son comportement s'est tout à fait détérioré depuis quelques temps et qu'il n'est plus apte à occuper le poste pour lequel il avait été engagé. Christophe tente de s'expliquer mais en vain. Il vient de comprendre que le PDG donnera toujours raison à son responsable.

À partir de cet épisode, les choses empirent. Christophe tombe malade et s'arrête quelques jours. À son retour, son responsable, sans le dire ouvertement, lui fait comprendre qu'il n'aime pas les « tire-au-flanc ».

Le jour même, on demande à Christophe de changer de bureau et on lui confie un poste qu'il ne connaît pas et dont il n'a aucune expérience : celui de la gestion des stocks. Un de ses collègues tentera de l'aider mais son responsable le surprend et lui demande de laisser Christophe se débrouiller seul. La spirale de la violence s'est engagée, Christophe demandera de l'aide à ses collègues, à la chef du personnel. Il n'en trouvera chez personne.

Le jour où Christophe me racontait son histoire – dont pour certains épisodes, j'avais été le témoin direct – il était sous antidépresseurs. J'avais eu l'occasion d'en parler à cette fameuse chef du personnel, une femme d'une cinquantaine d'années, dont la fonction, je dois le reconnaître était beaucoup plus administrative qu'autre chose. Je vais tenter de décrire le contenu de son témoignage.

Elle me confirma que Christophe, comme il me l'avait lui-même affirmé, avait bien été recruté dans un poste d'assistant marketing pour réaliser des études de motivation auprès de ses clientes. C'est son responsable qui lui avait confié que son comportement n'était pas des plus adéquats. Il ne supportait pas les remarques, avait beaucoup de difficultés à prendre du recul quand on lui faisait des critiques et surtout, il avait très mal accepté que l'on ait réorganisé – de façon ponctuelle – son poste. Ses propres collègues avaient également confié à cette responsable combien Christophe était devenu irascible et nerveux. Même le PDG l'avait remarqué. Comme il ne se plaisait pas dans sa nouvelle fonction, on lui avait trouvé un nouveau poste mais il ne s'adaptait pas mieux pour autant, m'expliqua-t-elle. C'est la dernière phrase qui retint le plus mon attention : « il ne se rend pas compte qu'on fait tout pour l'aider. Il y a des sociétés qui l'auraient licencié depuis longtemps ».

Sans le savoir, elle avait fait une prédiction : quelque temps plus tard, Christophe apprenait que son poste était définitivement supprimé et qu'on le licenciait pour motif économique.

Dans l'entreprise, comme nous le montrerons dans un prochain chapitre, les services du personnel ne semblent pas jouer tout à fait leur rôle. Sans doute, n'en possèdent-ils pas les compétences.

Le phénomène est d'une telle fréquence que nous serons tenté de présenter ce constat comme fondamental et que la fragilité des services des Ressources humaines est au cœur du débat. Chacun y va de son analyse (naïve) et comme nous venons de le montrer la tendance la plus fréquente est **cette confusion entre la cause d'un comportement et ses conséquences.** Dans le cas présenté la cause de la modification du comportement de Daniel est la découverte, à son retour de vacances, de la modification de son poste. La conséquence est son changement de comportement vis-à-vis de son responsable et vice-versa. Il n'admet pas ce changement et cherche à obtenir des explications qu'il n'obtient pas. Nous sommes dans le non-dit générateur d'angoisse et sans doute est-ce d'ailleurs l'objectif de l'agresseur. Pour son responsable tout comme la chef du personnel, la cause devient la conséquence : on a modifié le poste de Daniel parce qu'il avait un comportement qui s'était dégradé (et non l'inverse). D'ailleurs, son comportement continuera de se dégrader légitimant finalement un changement de poste. On lui confie de nouvelles responsabilités dans un poste qu'il ne connaît pas et on ne lui donne aucun moyen pour réussir.

> ## *Quatrième phase : la somatisation, la décompensation et l'exclusion de la victime.*

Nous souhaiterions revenir plus en détail sur la question relative à l'exclusion de la victime. Le processus de harcèlement une fois engagé est d'une telle violence qu'il est quasiment impossible de s'en sortir sans séquelles.

Quel que soit son statut au sein de l'entreprise (cadre, employé, dirigeant), quelle que soit sa personnalité, son expérience, chacun peut-être détruit, parfois, en très peu de temps. Les symptômes qui peuvent survenir à cette phase ne sont pas non plus spécifiques à celle-ci : en fonction de la constitution du sujet harcelé et d'un certain nombre d'autres critères, la somatisation et l'évolution vers la maladie pourra être plus ou moins rapide en fonction des individus. Si la personne harcelée ne peut se confier à personne et si, de plus, elle vit seule c'est-à-dire sans soutien, les symptômes – qu'ils soient psychologiques, psychopathologiques ou physiques – pourront apparaître très rapidement.

Sonia D. contrainte de quitter son poste

Sonia D. est cadre supérieur dans une société de services qui possède des filiales dans le monde entier. C'est une femme d'une cinquantaine d'années qui a exercé dans plusieurs pays en Europe et aux États-Unis dont elle vient. Elle occupe une fonction avec d'autres femmes un peu plus jeunes qu'elles, beaucoup moins diplômées, et n'ayant pour la quasi-totalité d'entre-elles, aucune expérience internationale.

Sonia est une femme énergique, intelligente et honnête qui n'a qu'un « défaut » : elle s'investit totalement dans son travail et remet très facilement en cause toutes les insuffisances du service, ce qui n'est pas du goût de tout le monde. Peu à peu, sans qu'elle s'en rende compte, un travail souterrain de sape se met en place initié par une de ses collègues – Jeanine – qui réussira à mettre de son côté plusieurs autres collaboratrices. On critique ses méthodes de travail qu'on juge « staliniennes », on lui reproche son ton quelque peu hautain et « snob » qui choquerait tout le monde, on remet implicitement en cause ses compétences alors qu'elle a fait ses preuves dans des postes de haut niveau dans différentes sociétés, dont la sienne. Elle n'apprendra tout cela que beaucoup plus tard par l'intermédiaire de sa DRH.

© Éditions d'Organisation

Il y aussi une série de comportements qu'elle ne verra qu'à posteriori tant elle était loin de se douter de ce qui se tramait au sein de son service.

Jeanine est une autodidacte et a réussi, au cours de promotions successives, à atteindre le poste de cadre supérieur qu'elle occupe aujourd'hui. C'est une femme très forte et qui éprouve de grandes difficultés à s'habiller. Dès que Sonia est arrivée dans le service, elle s'est mise tout de suite à l'envier et à la critiquer. Il est vrai que Sonia est mince et qu'elle a surtout beaucoup de goût pour s'habiller. Au départ, les critiques sont extrêmement nuancées : « Vous en avez un beau tailleur, vous n'avez pas peur de l'abîmer ici ? », rapidement elles deviennent plus caustiques : « Je trouve que vous faites un peu bourgeoise », devant ses collègues les prenant à témoin. Un jour Sonia se fâche devant toute l'équipe et explique qu'elles sont là pour travailler toutes ensemble. C'est à partir de ce moment-là que les événements commencèrent à dégénérer.

L'assistante de Sonia, qui a pourtant l'habitude de lui porter un café quand elle arrive le matin à son bureau, ne le fait plus. Elle commence à se plaindre de la trop grande quantité de travail qu'elle lui donne. Ses collègues bientôt ne lui adressent plus la parole, elle s'en inquiète et cherche à savoir. Deux d'entre-elles feignent la surprise et lui disent ne pas comprendre. Un jour, elle se retrouve seule au bureau. Elle demande à son assistante où sont ses collègues. Elle découvre avec surprise qu'elles sont toutes parties à une réunion sans le lui dire. Elle décide d'aller voir directement la DRH du groupe qui lui avoue, lors d'un déjeuner au restaurant d'entreprise, que ses méthodes de travail ne sont guère appréciées, qu'elle est quelque peu hautaine vis-à-vis de chacune de ses collègues et qu'elle n'a aucune aptitude à la communication.

Sonia est abasourdie et totalement bouleversée par le discours de sa DRH qui ne semble pas remettre en cause ces différentes critiques. Elle a toujours été appréciée pour son professionnalisme et est terriblement déçue par la façon dont on la juge. Dans les quelques jours qui suivent, elle ne peut dissimuler son malaise. Quelques pointes fusent « alors, un peu fatiguée ? », « Vous n'avez pas l'air dans votre assiette ». La situation ne s'améliore pas dans les semaines qui suivent.

Je profite de la rencontrer alors qu'elle est en congé. Son mari, qui m'avait contacté au préalable, m'avait déjà donné quelques détails sur son histoire qu'elle compléta par la suite. Lors de notre premier entretien, elle m'avoue avoir consulté un psychiatre qui lui avait prescrit un antidépresseur qui n'avait d'ailleurs aucun impact sur son moral. Elle me décrit ensuite ses différents symptômes : troubles du sommeil, en particulier de l'endormissement, céphalées rebelles, douleurs dorsales, etc. Bien que cela puisse paraître surprenant, elle les reliait, non pas à la situation qu'elle était en train de vivre mais à l'investissement qu'elle mettait son travail. En fin d'entretien, elle me demande s'il est possible que je l'accompagne – sous la forme d'un coaching – pour l'aider à franchir ce cap, une demande que j'accepte. Le lendemain, elle me téléphone – elle éclate en sanglots – et elle me confie combien elle souffre de cette situation, elle qui donne tant au niveau de son travail.

Notre travail dura quelques semaines. Au point où elle en était, elle n'avait pas d'autre choix que de quitter le poste qu'elle occupait. Nous nous mîmes d'accord pour la préparer à un changement de poste au sein même de sa société. Aujourd'hui, elle a de nouvelles fonctions qui lui correspondent tout à fait avec une équipe et un environnement agréables.

Nous avons volontairement pris le cas d'une femme, cadre supérieur, qui était victime d'un harcèlement initié par l'une de ses collègues, sa DRH n'ayant fait que lui relater ce qui n'était pas encore connu d'elle. Si elle n'avait pas été accompagnée (coachée), il est fort probable – comme elle nous le confiera un peu plus tard – qu'elle aurait été « remerciée » par son Président qui, tout comme la DRH, aurait sans doute préféré écouter l'équipe que la personne incriminée.

Mais toutes les situations n'ont malheureusement pas une issue aussi favorable et l'arrêt maladie n'est bien souvent que le prélude à un futur licenciement. Quand la victime d'un harcèlement est stigmatisée par son entourage, par le service des ressources humaines, etc. les stratégies utilisées pour l'exclure de l'organisation peuvent revêtir de multiples formes.

Parfois le procédé utilisé est relativement simple. Il peut s'agir d'une personne à qui l'on supprime une partie de ses responsabilités ou à qui on confie un poste dans lequel il n'a aucune compétence. Par la suite, il sera beaucoup plus facile de légitimer son éviction. Parfois, les méthodes utilisées sont d'une perversité encore plus forte : on met un bureau à la disposition de telle personne et, volontairement, on la prive de téléphone, de fax, etc. où on interdit à ses collègues de lui parler où de lui transmettre la moindre information. L'objectif sous-jacent est le même : qu'elle craque et qu'elle quitte la société.

Parfois les procédés sont un peu plus sophistiqués : on offre une promotion à telle personne tout en sachant qu'elle ne réussira pas dans son poste ou on la mute plusieurs fois de suite jusqu'à ce qu'elle craque. Certaines personnes ne manquent pas d'imagination dès lors qu'il est question de se séparer de collaborateurs que l'on ne souhaite pas payer[1]. L'éviction des victimes de harcèlement dépend étroitement du secteur d'activité. Ainsi dans le secteur de la banque le phénomène demeure assez rare et on mutera plus facilement la personne en question dans un autre service. Dans d'autres secteurs, l'éviction du collaborateur pourra être beaucoup plus rapide comme dans le secteur de la grande distribution ou le milieu industriel.

© Éditions d'Organisation

---

1. Un licenciement revient toujours plus cher à l'entreprise qu'une démission (du moins à un niveau financier).

Le critère révélateur : la souffrance.

La catégorisation développée à travers ces différentes phases ne doit pas laisser croire que les harcèlements se déroulent tous de la même façon, bien au contraire. Le critère qui, pour nous, demeure le plus important – et que nous soulignons une fois de plus – **est la souffrance que l'on peut ressentir, que celle-ci soit subjective ou objectivée par des mots.**

Il est incontestable que dans notre société, chacun réagit par **le déni.** C'est une erreur manifeste : il est certain que si cette souffrance pouvait être clairement exprimée – tout simplement avec des mots ou des émotions – il y aurait beaucoup moins de troubles à expression somatique à l'intérieur des organisations.

Quand on arrive devant sa société et que l'on commence à éprouver toute une série de symptômes – maux de tête, douleurs abdominales, dorsalgies, etc. – et que toutes ces douleurs disparaissent le week-end ou pendant les vacances, il est grand temps de s'interroger à la fois sur son poste et sur les caractéristiques de son environnement de travail.

Nos collègues de l'A.P.A[1], nous expliquent que de plus en plus de sociétés aux États-Unis attachent une grande importance au bien-être de leurs salariés. Les plus grandes d'entre-elles ont désormais leurs propres crèches et pour éviter de trop longs déplacements, d'autres ont mis à leur disposition des supermarchés où chacun peut venir se ravitailler. Il existe aussi des salles de musculation, des saunas, voire des endroits où il est

© Éditions d'Organisation

---

1. Association Américaine de Psychologie (American Psychological Association).

possible d'extérioriser son trop plein d'énergie ou de neutraliser une partie de son stress. Même si certains pourront considérer que le collaborateur est un peu trop lié à son entreprise – avec un risque d'aliénation toujours possible – il n'en demeure pas moins que différentes recherches ont clairement montré que le turn-over et l'absentéisme au sein de ce type de structure avaient non seulement tendance à chuter mais qu'ils étaient également beaucoup plus faibles quand on les comparait à ceux des sociétés concurrentes appartenant au même secteur d'activité.

En France – comme dans d'autres pays – la souffrance est bien là, avec son cortège de symptômes dont on n'ose même plus parler sans doute par crainte d'être le seul à le faire. Le harcèlement illustre parfaitement la *« banalisation du mal »* **dont parle C. Dejours[1] dans son ouvrage, notamment quand aucune décision n'est prise, quand aucun responsable n'a le courage d'enrayer et de stopper ce processus, quand rien n'est fait pour l'éviter.**

© Éditions d'Organisation

---

1. Dejours C, *Souffrance en France*, Paris, Le Seuil, 1998.

Le persécuteur arrive à faire croire à Michelle G. qu'elle est « paranoïaque »

J'ai rencontré Michelle G. au cours d'une soirée chez des amis. Cadre commerciale dans une société vendant des logiciels, nous avons fait connaissance et très rapidement, quand notre amie commune nous a présenté et qu'elle a précisé quelle était ma fonction, elle a souhaité me faire part d'un événement qui durait depuis quelques semaines afin de recueillir mon avis.

Elle vivait une situation véritablement prototypique de harcèlement. La situation commençant à devenir intenable, elle avait décidé – notamment sur les conseils de son entourage – de mettre « les choses au point » avec son directeur commercial. Quand elle lui demanda pour quelle raison il se conduisait avec elle de cette façon (il l'humiliait systématiquement en réunion devant tous ses collègues, il la regardait parfois en hochant la tête sans rien dire, etc.), il eut l'air étonné et lui demanda, en riant, s'il elle n'était pas paranoïaque. Elle n'avait pas obtenu de réponse plus franche. Elle lui avait, toutefois fait comprendre, que sa réponse n'était pas bien sérieuse.

Sa réponse n'était peut-être pas bien sérieuse mais elle l'avait toutefois affectée et elle s'était même demandée si son directeur n'avait pas raison quelque part. Le soir, en rentrant elle s'était précipitée sur un dictionnaire pour chercher le sens du mot « paranoïaque ». Comme c'est souvent le cas, elle ne conserva en mémoire que ce qui semblait lui correspondre. Elle n'avait aucun doute : elle était paranoïaque tout simplement parce qu'elle se sentait depuis quelque temps « persécutée ». Anxieuse, elle n'avait même pas osé me demander ce que j'en pensais. Bien sûr, elle ne l'était nullement. En quelques mots, je la rassurais en lui expliquant que dans bien des cas, la personne qui exprimait ce type de diagnostic « sauvage » était elle même atteint par ce trouble.

Il est rare que les victimes soient atteintes d'une pathologie quelconque ou qu'elles aient un profil psychologique spécifi-

3 EXISTE-T-IL DES PRÉDISPOSITIONS À DEVENIR HARCELEUR OU VICTIME ?

S'IL EST UN PHÉNOMÈNE SOUS-ESTIMÉ EN ENTREPRISE, c'est bien celui de la psychopathologie individuelle. Les quelques exemples relatés nous ont déjà montré que certains harceleurs souffraient – si ce n'est de pathologies mentales – du moins de graves troubles du comportement. Dans la situation de harcèlement, il existe également un autre phénomène – extrêmement curieux au demeurant et bien souvent systématique – qui se produit chez les victimes lorsque celles-ci tentent de réagir. Quand l'une d'elles se rebelle ou essaie d'obtenir des explications, bien souvent l'agresseur feindra la surprise, avant de la stigmatiser définitivement en se servant... d'un diagnostic psychiatrique. Bien sûr, la victime n'est pas dupe car elle sait que la personne qui lui parle en ces termes : « *Dis donc, tu ne serais pas un peu parano* », ne possède pas la moindre compétence en ce domaine. Mais quel est l'impact de ce type d'agression ?

que. Ce qui n'est absolument pas le cas des agresseurs que nous avons eu l'occasion de rencontrer ou que les victimes nous ont décrit. Comme nous l'avons déjà précisé, le conflit – ou le conflit non exprimé – naît de l'interaction entre la personnalité de l'agresseur – où le cas échéant, sa pathologie – et la culture de l'organisation et ses modalités de fonctionnement. Il n'y a pas d'agresseur sain et il n'est pas possible non plus de défendre l'idée qui voudrait que la structure sociale soit la seule explication du comportement déviant de telle personne. **À la base, nous avons un sujet souffrant de troubles de la personnalité qui trouveront leur expression la plus extrême et la plus féconde – lors d'un harcèlement, par exemple – si l'organisation et ses représentants permettent à cette personne de s'exprimer librement.**

Dans cette perspective, nous partageons en tous points, la perspective de M.F. Hirigoyen lorsqu'elle explique que même si les environnements « sont déstabilisants pour tout le monde, n'importe qui ne peut devenir harceleur »[1].

En revanche, le fait que certaines personnes sachent résister ne peut s'expliquer, selon nous, par le fait de posséder de « solides valeurs morales » comme elle le prétend. Nous avons souvent constaté que si certaines personnes pouvaient avoir ces qualités, au début de leur carrière, elles pouvaient aussi très rapidement les perdre sous la pression d'exigences économiques très fortes. Il y ainsi des sociétés qui réussissent à « broyer » littéralement leurs collaborateurs (sans le moindre harcèlement !).

---

1. M.F. Hirigoyen (2001), op. cit.

Occupant un poste dans le domaine des Ressources Humaines, Micheline S. souffre de troubles graves de la personnalité et jouit d'une totale liberté pour démobiliser son équipe

Micheline S. a, ce qu'elle appelle, un management « participatif ». Auto-didacte, elle a gravit les différents échelons de son entreprise avant qu'on finisse par lui confier un poste à responsabilités. Elle mène son équipe « d'une main de fer » : il n'y a qu'elle qui puisse décider, sous des abords très polissés se cache un caractère autoritaire et fait bien souvent preuve d'une agressivité qu'elle contrôle remarquablement. Elle ne fait guère confiance à autrui même si elle est parfois obligée de confier certaines tâches – qu'elle ne peut pas faire elle-même – à certains membres de son équipe, par ailleurs beaucoup plus compétents et diplômés qu'elle. Elle ne supporte pas la critique et n'admet aucun autre système de valeurs que le sien. Elle fait preuve d'un mépris excessif pour tous ceux qui ne partagent pas ses vues. Elle ne le dit pas forcément mais se débrouille pour que son interlocuteur le sache. Elle travaille dans l'ombre et beaucoup de ses comportements sont du registre de la manipulation.

Son mode de communication est assez particulier. Elle semble jouir d'une propension à ne voir que le côté sombre des choses et à un certain talent à communiquer ce qui est, en fait, une angoisse constante qu'elle n'arrive pas à maîtriser. Elle n'exprime jamais aucune affectivité – elle est toujours distante et froide – il lui arrive pourtant d'avoir des moments de lucidité, parfois même d'intelligence. En quelques mois, elle a ainsi réussi à démobiliser toute son équipe dont la plupart pensent à changer de service où à démissionner.

Micheline S. occupe un poste dans le domaine des Ressources Humaines et bien que son comportement soit connu de tous jusqu'au sommet de l'entreprise, elle jouit d'une totale liberté d'agir avec toutes les conséquences que cela peu avoir sur son équipe (démotivation, en particulier), l'image du service aussi bien à l'intérieur qu'à l'extérieur.

Cette personne souffre de troubles graves de la personnalité qui trouvent leur expression grâce au laxisme de ceux qui sont à la tête de l'organisation. Preuve que le conflit qui peut naître dans une équipe – et devenir chronique par la suite – est bien souvent le fruit d'une interaction entre la « philosophie managériale » de l'entreprise et la personnalité de son auteur. Or, pour gérer les situations de harcèlement, nous verrons qu'il est indispensable, dès le départ, de savoir à qui l'on a affaire.

Mais quels sont donc les structures pathologiques les plus fréquemment rencontrées au sein des organisations et n'y a t-il pas danger à les confondre avec d'autres types de comportements ?

> *Quatre types de personnalité prédisposent à devenir agresseur.*

Les paranoïaques

Un de nos amis, psychiatre intervenant au sein des entreprises, nous expliquait un jour que cette structure de personnalité était probablement la plus courante qui soit au sein des organisations et qu'elle était souvent en étroite relation avec le niveau du poste occupé. Sans doute était-ce une boutade car dire qu'un manager est obligatoirement un paranoïaque serait aussi léger que d'affirmer que, d'un côté, nous avons systématiquement affaire à des « victimes » – « gentilles et en bonne santé (mentale !) » et des harceleurs « méchants et malades ».

Quoiqu'il en soit, la probabilité d'avoir affaire à des hommes paranoïaques et beaucoup plus grande que celle d'avoir affaire à des femmes paranoïaques et comme ce sont des hommes qui sont souvent managers, il est logique d'aboutir à une conclusion similaire à celle de ce psychiatre. Comme nous avons déjà eu l'occasion de le souligner, **il faut bien distinguer la structure de personnalité d'un sujet qui est du registre de la psychologie et la maladie avérée qui est du domaine de la psychopathologie.** Il y des gens qui ont des « petites paranos »[1], d'autres qui en ont de beaucoup plus importantes. Les premiers sont assez faciles à vivre, les seconds sont invivables (*cf.* cas précédent).

La structure de personnalité paranoïaque – ou le caractère paranoïaque – se caractérise par un ensemble de traits révélateurs :

Ce sont des gens extrêmement **méfiants,** cette méfiance pouvant s'exprimer de différentes façons : ils sont constamment suspicieux, ils sont jaloux, ils ont une crainte excessive de l'agressivité d'autrui. Certains peuvent mêler à la fois politesse excessive et réticence. Ce sont des personnalités qui peuvent soit très bien contrôler leur agressivité, soit l'exprimer de façon ouverte.

Ce type de caractère est marqué également par une **psychorigidité.** Ces individus ont d'énormes difficultés à montrer leurs émotions, ils sont d'une grande intolérance. Ils sont incapables de remettre en cause leur propre système de valeurs et d'accepter celui des autres. Ils sont également autoritaires et ne supportent pas la critique d'autrui. Notons que cette psychorigidité est souvent un moyen de défense pour lutter contre une homosexualité inconsciente (quand elle n'est pas clairement exprimée).

---

1. Ce sont ceux qui sont méfiants de nature ou qui se sentent parfois « persécutés » (sans véritable raison).

Ce sont également des gens qui souffrent de ce que l'on appelle une **hypertrophie du moi** qui se caractérise par un orgueil démesuré qui peut aller jusqu'à la **mégalomanie ;** une **intolérance** et un **mépris d'autrui.** Un **égocentrisme** exagéré caractérise aussi ce type de personnalité.

Mais le trait essentiel de cette structure reste la **fausseté de jugement** qui consiste en **une fausse interprétation de la réalité.** Des événements anodins peuvent être interprétés comme étant dirigés vers ce type de personnalité.

Pour M. Hanus : « *la logique du paranoïaque est faussée par la passion. Et cette entreprise affective est assez forte pour lui interdire une conception exacte du monde extérieur et de lui-même car elle pèse sur les images actuelles et sur les souvenirs ne laissant parvenir à la conscience du sujet que des notions partiellement sélectionnées et systématiquement tronquées et incomplètes* »[1].

Cette structure de personnalité peut évoluer progressivement sur un **terrain caractériel paranoïaque** et déboucher sur un **délire paranoïaque** (souvent à l'occasion d'un conflit psycho-affectif variable). Nous sommes ici dans la **pathologie,** c'est-à-dire la **maladie,** phénomène beaucoup plus rare en entreprise mais qui existe cependant.

Bernard R. croit qu'on l'enregistre en cachette

Bernard R. est responsable du marketing et de la communication interne et externe dans une grande entreprise. Il est considéré comme un personnage très intelligent même si on ne le comprend pas toujours. La plupart le perçoivent comme un « créatif » ou comme un person-

---

1. Hanus M., *Psychiatrie intégrée*, Maloine, Paris, 1984.

nage « original ». La première fois que je l'ai rencontré – c'était dans le cadre d'un audit – avant même que je puisse lui serrer la main, il me demande de ne pas utiliser mon ordinateur portable et de ne surtout pas l'enregistrer. « Un consultant, ça a de la mémoire, vous n'avez pas besoin de prendre des notes non plus » ajoute-t-il par la suite. Au début de l'entretien, tout se passe bien puis au bout d'une demi-heure, je me rends compte que Bernard est en train de délirer. Il m'explique qu'il n'est pas dupe et qu'il sait très bien que je suis en train de l'enregistrer en cachette, qu'on lui a déjà fait ce genre de choses. Il sait très bien que la direction cherche à le changer de poste, etc. J'ai beau réfuter ses affirmations, rien n'y fait et le malaise grandissant, je suis obligé d'écourter l'entretien ...

Un observateur extérieur aurait très bien pu croire Bernard. **Les paranoïaques sont très convaincants** et bien qu'ils soient de véritables psychotiques, **ils sont** toutefois **capables de conserver l'ordre dans la pensée, le vouloir et l'action. Dans le cadre du harcèlement, la personnalité paranoïaque est très souvent rencontrée mais contrairement au pervers qui prend le pouvoir en utilisant la séduction, le paranoïaque utilisera la force et c'est d'ailleurs un des principaux critères qui les distingue l'un de l'autre.**

Ce qui est remarquable dans les situations de harcèlement, c'est que souvent, quand la victime veut savoir pourquoi son agresseur a ce type de comportement, celui-ci finisse par la traiter de « paranoïaque » après avoir feint la surprise. Même si le terme est utilisé dans son sens commun – comme un synonyme de persécuté – il n'en demeure par moins que certaines victimes ou leur entourage finissent par le croire. C'est le cas chez Michelle G. qui, après avoir commencé à douter du bien fondé de son analyse avait fini par adhérer au fait qu'elle puisse être paranoïaque. Plus grave, ce sont les réactions de l'entourage qui peuvent faire également douter la victime : « *Tu es sûre que ne te fais pas des idées ?* » achevant parfois de la stigmatiser. Quand il s'agit d'un représentant de l'entreprise (délégué du personnel, cadre, DRH) qui doute, alors que la victime est tout à fait consciente de ce qui lui arrive, cela peut la conduire très rapidement, non seulement à perdre confiance en elle mais aussi à des symptômes à coloration dépressive. Or, si l'entourage se pose la question de la paronoïa à propos de la victime il est rare que cela soit le cas pour l'agresseur et le phénomène est suffisamment fréquent pour que l'on puisse s'interroger.

Comme l'une des principales caractéristiques de la personnalité paranoïaque est la fausseté de jugement et que la méfiance en est une autre, très vite le paranoïaque interprétera le moindre changement dans son environnement comme une menace dirigée contre lui. Ainsi ce nouveau collègue qui arrive dans le service pourra être considéré par lui comme étant « l'oeil de Moscou » (alors que ce n'est qu'un nouvel embauché), tel autre pourra être perçu comme voulant le remplacer dans son poste. Bien entendu, la réalité des faits vient contredire la suspicion du paranoïaque.

Isabelle P. a le sentiment d'être épiée. En fait, elle était surveillée par une caméra comme tous les créatifs de l'entreprise

Isabelle P. est une jeune styliste qui travaille dans une société parisienne. Elle vient d'y être embauchée, sous contrat, depuis un mois environ. Elles sont deux jeunes stylistes à travailler dans le même bureau. Depuis quelque temps déjà, elle éprouve la désagréable impression d'être surveillée. Cette impression est confirmée par des faits et elle s'interroge. Comment se fait-il, en effet, que l'une de ses responsables soit toujours au courant du moindre de ses faits et gestes. Sans doute sa collègue – qui travaille en face de sa planche – est-elle le vecteur de ces « indiscrétions » ? Un jour, sa responsable lui demande de ne plus téléphoner – pour des questions personnelles – sur son lieu de travail. Comment est-il possible qu'elle soit au courant, d'autant plus que, lorsqu'elle le fait, c'est presque toujours pendant l'heure de déjeuner. Un matin, alors qu'elles sont seules toutes les deux, elle apostrophe violemment sa collègue en lui demandant de ne plus raconter sa vie à sa responsable. Celle-ci est surprise, elle ne comprend pas, nie tout en bloc et finit par se fâcher et la traiter de paranoïaque. Isabelle ne la croit pas. Elle me confia, avoir cru à ce moment là que sa collègue était jalouse d'elle et voulait, de ce fait, l'évincer.

Un jour, sa collègue de bureau se blesse et est contrainte de rester chez elle pendant plusieurs jours. Seule dans son bureau, elle en profite pour téléphoner à l'une de ses amies pour lui parler de son nouveau travail. Elle vient de raccrocher quand sa responsable arrive. Le regard réprobateur que celle-ci lui assène ne peut pas être une coïncidence. Mais comme sa collègue est absente, il est impossible que sa responsable ait été prévenue par elle. C'est à ce moment-là qu'elle commença à se poser des questions sur son équilibre mental. Elle en vint même à se demander si elle ne se faisait pas des idées.

Elle décide de consulter son médecin de famille et lui confie son angoisse et ce sentiment d'avoir l'impression d'être constamment épiée. Elle lui avoue avoir cru, un moment, que c'était sa collègue qui allait tout raconter à sa responsable mais comme elle est absente, elle se demande si elle ne se fait pas des idées même si elle avoue avoir toujours l'impression de se faire surveiller. Le médecin la rassure, lui parle de stress et lui prescrit un traitement chimiothérapie : un tranquillisant accompagné d'un neuroleptique, une thérapeutique que l'on utilise dans le cas des paranoïas. Elle continue de travailler et décide de ne plus parler à sa collègue et de ne plus téléphoner.

C'est en quittant la société, qu'elle apprend qu'elle était effectivement surveillée par l'intermédiaire...d'une simple caméra dont jamais elle n'avait soupçonné l'existence. Son bureau était surveillé comme tous ceux des « créatifs », le responsable de la société craignant, en effet, que les patrons des nouvelles collections ou les secrets de fabrication puissent être communiqués à la concurrence.

Il existe ainsi des entreprises où on peut devenir rapidement « parano » même s'il ne s'agit, dans ce cas, ni d'une structure de personnalité, ni de pathologie avérée.

Les pervers et les pervers narcissiques

Il s'agit probablement de la structure la plus fréquente que nous ayons rencontrée même si les « grands pervers » sont relativement rares au sein des entreprises. L'étymologie de ce mot est intéressante. Issu du latin *pervetere* « renverser, retourner », le mot signe d'emblée ce qui constitue, de façon imagée, le principal objectif de ce type de sujet et pour l'atteindre ils se servent d'une méthode qui leur est chère : **la manipulation.**

Comme beaucoup de termes utilisés en psychopathologie, le mot « pervers » a une signification à la fois commune et beaucoup plus formelle. Quand on l'utilise dans le langage courant, cela signifie que tel comportement est moralement répréhensible même si le terme renvoie inévitablement à une conduite sexuelle déviante. Mais il y aussi la perversion morale, celle qui nous intéresse ici, qui est un **trouble grave de la personnalité** et qui renvoie inévitablement à une **absence de sens moral.**

Bergeret distingue d'une part les « perversions » de caractère qui correspondent aux pervers atteints de perversité et d'autre part, les pervers atteints de « perversion »[1]. Pour M.F. Hirigoyen, le pervers est un psychopathe

© Éditions d'Organisation

---

1. Bergeret, J., *La personnalité normale et pathologique*, Paris, Dunod, 1985.

contrairement à A. Eiguer pour qui les perversions constituent une entité clinique autonome qui n'a rien à avoir avec les psychopathies.

Chacun de nous peut utiliser des mécanismes pervers, notamment dans des situations extrêmes, pour se défendre par exemple, mais ils ne nous transforment pas en véritables pervers. Il nous est arrivé à tous de manipuler autrui pour atteindre notre objectif mais, contrairement au pervers, nous l'avons peu de temps après regretté. **Chez les pervers, il n'y a pas de regret, pas d'état d'âme, aucune culpabilité.**

Ils ne se sentent jamais coupables de rien. Ce sont de grands manipulateurs et, comme le précise A. Eiguer, ils ont généralement « le goût du secret concernant leur buts et leurs projets relationnels ».

Parfois, ils donnent l'impression de vouloir s'occuper des autres mais, en fait, c'est un leurre. Ce sont des gens habiles qui font généralement reposer leur argumentation sur des évidences. Ce n'est donc pas par hasard, s'il sont capables de duper autrui. Leur intelligence, leurs stratégies n'ont qu'un seul objectif, une seule ambition : **assujettir autrui, l'asservir et le soumettre à sa volonté** mais non pas par la force, comme chez le paranoïaque, mais plutôt **par la séduction.**

L'une des caractéristiques des pervers est d'être des manipulateurs et nous avons souvent observé sur le terrain qu'il en existait un bon nombre chez les...consultants (ce qui ne signifie nullement que ceux-ci soient tous des pervers). Notamment dans le domaine des Ressources humaines et nous avons pu voir les dégâts subis par les entreprises.

Il n'y a qu'à prendre l'exemple des séminaires de management où la plupart des consultants spécialisés utilisent à profusion les techniques de la PNL (Programmation Neuro Linguistique), une méthode qui apprend aux managers – sans le dire – comment il est possible de manipuler ses collaborateurs[1].

Et puis il existe une autre catégorie d'agresseurs, probablement les plus destructeurs qui soient : les **« pervers-narcissiques »** que l'on trouve notamment dans des postes où il est question de pouvoir ou de rapport au pouvoir. Mais avant de décrire ce type de personnage, commençons par illustrer nos propos par un exemple.

Serge P. espère, en vain, que son CDD sera transformé en CDI

Serge P., jeune diplômé, vient d'être embauché comme cadre pour occuper un poste dans le domaine marketing dans une société commercialisant des produits pour la grande distribution. Bien qu'il ait été recruté pour un CDD de 6 mois, son responsable lui a laissé entrevoir, qu'en fonction de la qualité de son travail, il était possible de transformer son contrat en CDI.

Cette nouvelle le motive beaucoup. Il se met à travailler d'arrache-pied. Il est à son bureau à 7 heures du matin et rentre généralement chez lui douze heures plus tard. Son chef ne le félicite jamais mais il pense que son comportement fait sans doute partie du jeu. Bien sûr, il n'est pas toujours d'accord avec son responsable mais il met de « l'eau dans son vin ». D'ailleurs le jeu n'en vaut-il pas la chandelle ?

Deux mois plus tard Serge tombe malade. Son responsable l'appelle chez lui et lui demande de revenir immédiatement au travail. Ce qu'il fait. Serge tente de s'expliquer dès son retour et reproche à son responsable le caractère inhumain de son comportement. Celui-ci lui rétorque que s'il s'est permis de le contacter chez lui, c'est pour son bien, pour

---

1. Balicco C. (2000) : *cf.* La programmation neuro-linguistique ou l'art de manipuler ses semblables, in Sciences et Pseudo-Sciences (Association Française pour l'Information Scientifique) n° 243, 10-18, 2000.

que le patron de la société l'embauche définitivement à la fin de son contrat. Serge est convaincu par l'argument et se remet au travail.

Un jour Serge se rend compte qu'une grande partie de son travail est détourné par son responsable pour se faire valoir auprès du PDG de la société. Serge le lui fait savoir et lui reproche une nouvelle fois son comportement. À partir de là, son responsable change radicalement sa façon de faire. Il commence à critiquer son travail mais de façon indirecte : il passe souvent par sa secrétaire qui vit très mal cette situation. Un jour, il critique – devant Serge – un de ses collègues issu, de la même école de commerce que lui et se charge de lui faire comprendre qu'ils ont un point commun. Serge n'apprécie guère ces sous-entendus mais il conserve son sang-froid. Bientôt le phénomène s'amplifie et les critiques – cette fois-ci directes – fusent. Il lui reproche notamment de ne jamais être au courant de rien et critique même un jour sa tenue vestimentaire qu'il considère un peu trop décontractée. Il lui explique dans le même temps qu'il a beaucoup de chances que ça soit lui qui lui en parle. Serge n'en peut plus. Il se demande d'ailleurs s'il va continuer dans cette entreprise.

Un jour son responsable l'invite dans son bureau. Il n'a rien pu faire, il l'a beaucoup défendu mais rien n'y a fait : le contrat de Serge ne sera pas transformé en CDI. Il ne peut s'empêcher d'être soulagé. Deux mois plus tard, il apprend de l'une des personnes de la société avec qui il avait gardé des contacts qu'un nouveau collaborateur l'a remplacé.

Si comme le remarque le psychanalyste Racamier – dans son ouvrage sur les schizophrènes – « le pervers narcissique se fait valoir aux dépens d'autrui »[1], c'est avant tout en utilisant une stratégie unique, aux multiples facettes, qu'est la manipulation. **Son objectif est de détruire l'autre en l'intimidant, le paralysant, en le dévalorisant constamment** pour l'amener comme le préciseront un certain

© Éditions d'Organisation

---

1. Racamier *in* Eiguer A, op. cit.

nombre d'auteurs à accepter toutes les situations même si certaines d'entre-elles vont à l'encontre de sa propre morale.

Pour Eiguer, « les individus pervers narcissiques sont ceux qui sous l'influence de leur soi grandiose essaient de créer un lien avec un deuxième individu en s'attaquant tout particulièrement à l'intégrité narcissique de l'autre afin de le désarmer. Ils s'attaquent aussi à l'amour de soi, à la confiance en soi, à l'auto-estime et à la croyance en soi de l'autre. En même temps, ils cherchent d'une certaine manière, à faire croire que le lien de dépendance de l'autre envers eux est irremplaçable et que c'est l'autre qui le sollicite »[1]. Comme le précise d'ailleurs cet auteur une de leurs ambitions « est de vouloir faire table rase de toute pensée antérieure. Inaugurer une ère, fonder une nouvelle morale : tel est leur rêve »[2].

Ils ont donc besoin de l'autre pour exister et le harcèlement qu'ils peuvent faire subir à autrui constitue une jouissance. Ils « sentent » les choses et peuvent très rapidement toucher là où ça fait mal. Même s'ils peuvent faire preuve d'une certaine séduction dans leur relation, ils sont assez froids, ne font guère preuve d'affectivité et sont, finalement, relativement distants. Ils ont une particularité : celle de ne ressentir aucune culpabilité et d'utiliser le déni comme mécanisme de défense prévalent.

Henri est responsable d'une société d'intérim qui fait également du conseil en recrutement. C'est un homme d'une cinquantaine d'années qui dirige avec autorité toute son équipe. Ses résultats commerciaux sont exceptionnels et dans son secteur c'est la meilleure agence classée. Henri est un séducteur quand il parle des objectifs à ses collaborateurs, mais si quelqu'un a le malheur de les contester il peut très facilement se fâcher, terrorisant en particulier le personnel féminin.

---

1. Eiguer A, *Le pervers narcissique et son complice*, Paris, Dunod, 1989, 1996.
2. Eiguer A, op. cit.

Henri est bien entouré : il a une cour qui le suit partout et qui avalise pratiquement tout ce qu'il fait, sans d'ailleurs avoir un sens critique très développé. Ses méthodes de management sont assez particulières — il parle lui-même de « management par la terreur » — et ses résultats sont là pour prouver qu'il a raison. Bien sûr, il y a un peu d'absentéisme mais il prévient toujours amicalement ses collaborateurs : « une fois absent : ça passe, deux fois absent : viré ».

Henri s'est pris d'affection pour Jonathan, un jeune consultant qu'il a embauché et qui lui rappelle ses débuts dans le métier. Bien sûr, il lui a expliqué qu'il allait le « former », ce qu'a très bien compris Jonathan. Henri a été, en effet, tout à fait convaincant et il lui a expliqué que l'université ne formait à rien et qu'il n'avait guère les qualités pour être un bon consultant pour le moment. Il allait lui montrer comment il fallait faire. Jonathan était tout à fait ravi de cette opportunité qui s'offrait à lui. Mais les choses ne se sont pas exactement passées comme il le croyait. Jonathan me fit part du différent qui était né de cette rencontre. Il m'expliqua que, dès le départ, Henri avait décidé de ne plus le quitter d'une semelle. Ainsi l'accompagnait-il chez ses prospects et chez ses clients. Il lui disait comment il fallait leur répondre, quelles étaient les meilleurs stratégies pour remporter un contrat. Au départ, Jonathan considérait cette façon de procéder comme normale. Quand il s'en était ouvert auprès de ses collègues, certains lui avaient confirmé sa vision des choses, d'autres au contraire lui avaient conseillé de ne pas se laisser faire. Au bout de quelques semaines, il le fit d'ailleurs comprendre à son responsable. Il faut dire que le comportement de celui-ci n'avait fait que s'amplifier : il téléphonait chez Jonathan le soir et il lui arrivait de plus en plus souvent de lui demander de venir travailler avec lui le samedi. Son refus de venir justement à l'un d'eux se passa extrêmement mal. Son patron lui expliqua que sans lui, il n'était rien et que s'il voulait devenir un jour un « consultant senior » il fallait qu'il s'investisse un peu plus dans son travail. Jonathan a démissionné quelques temps après.

Il avait eu affaire à l'un des multiples visages de la perversion narcissique : le pygmalion.

Le pygmalionnisme est également un trouble important de la personnalité qui consiste **à sculpter la personnalité d'un tiers** – Pygmalion était un sculpteur et un roi crétois – **avec lequel il entretient souvent des relations passionnelles** – dans ce cas, probablement de nature homosexuelle – **et qu'il considère comme inculte incomplet et fragile**[1]. La particularité de ce type de personnage comme le traduit très bien le psychanalyste Eiguer, « est d'atteindre la perfection et l'harmonie des formes, et non le respect des autres », cette analyse pouvant être d'ailleurs mise en relation avec tous ceux qui obéissent à cette tentation de vouloir pronostiquer trop tôt la réussite ou l'échec d'un candidat dans son poste par exemple, cette « prophétie auto-réalisante »[2], étant également une forme de pygmalionnisme, conduisant la personne en question à l'échec ou à la réussite[3].

Les caractériels

La cohésion du groupe permet de supporter Philippe B. qui terrorise tout le monde

Philippe B. dirige une PME bretonne depuis une quinzaine d'années. Ses affaires sont au plus haut, c'est un patron sûr de lui et qui le fait sentir. Philippe a, toutefois, un problème de taille dont il ne se rend pas tout à fait compte : il est caractériel et il se comporte vis-à-vis de tout son entourage – y compris de sa femme – comme un véritable tyran. Il hurle au téléphone dès lors qu'un fournisseur ne le livre pas suffisam-

---

1. Eiguer A ; op. cit.
2. Merton R.K., « The self-fulfilling prophecy », *Antioch Review*, 1948, 8, 193-210.
3. Il existe un autre visage du pervers narcissique qui est l'intrigant (ou le corrupteur) qui doit probablement exister en entreprise mais que nous n'avons jamais directement rencontré dans le cadre du sujet qui nous intéresse.

> *ment tôt et terrifie tout son personnel, en particulier, une secrétaire qui n'ose même plus lui faire part de certains appels téléphoniques qu'il a pu recevoir.*
>
> *Personne n'ose lui dire de se calmer : si tel était le cas, chacun sait qu'il hurlerait et qu'il insulterait l'initiateur de ce comportement. Les deux métreurs qui travaillent pour lui ont même un comportement régressif. Pendant que l'un d'eux consomme une bière pendant la pause, l'autre surveille la fenêtre pour vérifier l'arrivée toujours possible de leur patron. Si par malheur, celui-ci surprend ses collaborateurs debout en train de parler, il les insulte. Même son chien, qui le suit pourtant partout, en a peur...*

Les personnalités caractérielles sont bien sûr beaucoup plus fréquentes chez les dirigeants que chez les collaborateurs. Contrairement aux pervers, les caractériels sont connus de tous et, bien souvent pardonnés, dès lors qu'ils participent activement au développement économique de leur entité. Et cela se comprend : il est clair qu'un subordonné qui aurait un comportement comme celui que nous venons de décrire, s'exposerait très rapidement aux remontrances de sa direction, voire à un licenciement.

Ce qui sauve les salariés de cette pression constante, c'est la cohésion du groupe. « *Quand il n'est pas là, on en profite pour plaisanter et pour se détendre tous ensemble et heureusement qu'on a ça* » me confiera la secrétaire.

Les obsessionnels

Tout comme les personnalités paranoïaques, les personnalités obsessionnelles ont une structure relativement rigide. Ce type de personnalité est caractérisé par l'association de trois éléments que sont : la psychasthénie, le système compulsif et le caractère sadique anal. Ce type de personnalité n'est pas à confondre avec la « névrose obsessionnelle » qui est la forme la plus grave, la plus organisée et aussi la plus délicate à soigner de la pathologie névrotique. Cette forme clinique est extrêmement rare, en particulier en entreprise, et si on admettait que telle personne en souffrait, il serait légitime de supposer que son adaptation sociale et professionnelle serait, si ce n'est impossible, du moins fortement compromise.

La psychasthénie est une forme très particulière de **fatigue vécue** sur le plan physique mais aussi psychologique, dans une **atmosphère subdépressive chronique.** Elle peut être accompagnée d'une **culpabilité** où le sujet **se dévalorise.** Sur ce fond psychasthénique se greffent des conduites compulsives comme des tics par exemple ou des ruminations. Ce sont des personnalités qui peuvent être perçues comme étant froides, qui doutent constamment d'elles-mêmes et qui ne sont, pour ainsi dire, jamais satisfaites. Leur comportement peut être interprété comme une marque de rejet de la part de leur entourage. La fixation sadique anale se caractérise par de **l'agressivité** et s'ils ont un bon respect de l'autorité auquel ils sont généralement soumis, c'est par réaction à cette agressivité.

Ce type de personnalité est dominée par un souci constant de « bien faire ». Ils recherchent partout la maîtrise de leur environnement et ne supportent pas le moindre changement. Ils ont besoin de classer, de ranger – à leur façon – de contrôler et ils vivent difficilement que l'on puisse faire différemment d'eux. Ils ont un sens du détail un peu trop excessif et supportent difficilement les gens qui remettent en cause cette rigidité qui les entourent.

Jean G. très strict est néanmoins bien perçu

Jean G. est Directeur régional dans une société parisienne depuis une dizaine d'années. C'est un ancien commercial qui a réussi à progresser jusqu'à atteindre ce poste. Il supervise une équipe d'une vingtaine de commerciaux la plupart expérimentés. Chaque semaine, Jean organise une réunion pour faire le point avec ses commerciaux et le cas échéant leur transmettre des informations et, bien sûr, les motiver.

Jean ne supporte pas le moindre retard. Pour lui « l'heure c'est l'heure ». La réunion a lieu le Lundi à 8 heures 30, et non à 8 heures 31. Cela n'empêche pas l'un de ses commerciaux d'arriver systémati-quement en retard. Sans doute est-ce une façon de le provoquer ? Quand cela se produit et qu'il pénètre dans la salle, Jean s'arrête de parler, le suit du regard et attend qu'il s'assoit.

Jean a ses méthodes : elles sont quelque peu dépassées mais elles ont toujours donné de bons résultats. Un jour un de ces jeunes commer-ciaux lui fait remarquer qu'il serait peut-être temps de revoir la question de cette réunion en lui précisant que, généralement, elles ne servent qu'à vérifier où en sont les ventes et à remettre quelques informations émanant du Siège. Jean n'apprécie pas cette remise en question : « Ca s'est toujours fait comme ça » et devient même menaçant « tu n'as qu'à prendre ma place si tu veux que ça change ». L'initiateur de cet échange préfère se taire. Jean ne supporte pas non plus ceux qui défont leur cravate, ni ceux dont les chaussures ne brillent pas suffisamment. Jean est toujours tiré à quatre épingles et il attend la même chose de tous ses collaborateurs.

Dans sa vie de tous les jours Jean est généralement bien perçu même s'il éprouve parfois quelques difficultés, au travers de ses discours, à cacher son agressivité. Il entretient de très bonnes relations avec le directeur commercial qui est son supérieur hiérarchique direct même s'il donne parfois l'impression d'être un peu obséquieux, « lèche-cul » disent les membres de son équipe.

Nous vivons sans aucun doute dans un monde qui fonctionne de façon de plus en plus obsessionnelle et dans une logique qui voudrait faire croire que si quelque chose est mal, le contraire est forcément bien. Cette logique binaire n'est pas sans rappeler ce que les spécialistes d'histoire religieuse attribuent généralement à Mani (216-276 après J.-C.), fondateur d'une religion gnostique qui devança, d'après Watzlawick, pendant quelques années le christianisme[1]. Cette logique binaire signifie que telle chose est soit bonne, soit mauvaise. Ce choix limité plaît à l'obsessionnel. Si l'autorité – qu'il respecte d'ailleurs – définit à ses yeux ce qui est bien et ce qui ne l'est pas, il trouve un juste équilibre entre cette soumission à l'autorité et son agressivité toujours présente en lui pour appliquer, à la lettre ce qui lui est demandé. L'obsessionnel trouve d'ailleurs son bonheur dans le prototype même de l'organisation qui répond à son symptôme, l'administration, ou au sein de certaines professions extrêmement rigides où le cadre est d'emblée fixé (comme la profession de comptable par exemple).Tout comme le caractériel, l'obsessionnel est également capable de tyranniser son entourage mais contrairement à lui, il n'assumera pas la responsabilité de son comportement et de ses actes, ceux-ci étant ipso facto légitimés par son hiérarchique qui lui aura confié la tâche en question.

C'est en étant lucide et en prenant conscience du caractère inadapté de son comportement que l'on peut éviter de devenir agresseur

Il existe d'autres pathologies chez les agresseurs mais elles sont beaucoup plus rares au sein de l'entreprise et leurs manifesta-

1. Watzlawick P., *Comment réussir à échouer*, Paris, Seuil, 1986.

tions beaucoup plus transitoires. Elle sont bien souvent le résultat d'un stress psycho-social dont la symptomatologie aura d'ailleurs tendance à se résorber dans le temps.

François prend conscience de ses réactions à son propre stress et résoud la difficulté

A la suite du décès prématuré du cadre technique responsable d'une ligne de production, la direction d'une société spécialisée dans l'électronique industrielle, confie la responsabilité de ce poste à François, son adjoint, lui expliquant qu'il s'agit là d'une véritable opportunité pour lui. Il n'ose pas refuser de crainte de passer pour un incompétent.

Bien que connaissant bien à la fois le contexte et le métier, François se retrouve du jour au lendemain dans l'obligation d'animer une équipe, ce qu'il n'a jamais fait. Le passage s'avère difficile et, bien qu'animé des meilleures intentions, il n'arrive pas véritablement à maîtriser toutes les nouvelles responsabilités inhérentes à son poste. Pour ne pas perdre la face, par rapport à la direction qui lui a confié ce poste, il persévère et se met à redoubler d'effort. Personnage autrefois considéré comme sympathique, son comportement change. Il devient tendu, nerveux et il lui arrive de se fâcher. Il commence à craindre que la direction le juge mal et passe son temps à contrôler les membres de son équipe. Bientôt, il rentre en conflit avec l'un d'eux qui lui reproche d'être constamment stressé et de communiquer ce stress à tout le monde.

Ce conflit lui fait prendre conscience qu'il n'est sans doute pas fait pour ce poste et qu'il est indispensable de le résoudre avant qu'il ne dégénère. Il décide un soir de réunir son équipe pour discuter de ce problème avec eux. La réunion, pour des questions organisationnelles, a du mal à se mettre en place. Il rappelle à chacun les raisons pour lesquelles il a hérité de sa fonction et explique à son équipe les difficultés qu'il éprouve dans ce changement soudain de statut (il était leur collègue, il devient leur responsable). De nombreux échanges ont lieu pendant cette réunion. C'est à

© Éditions d'Organisation

cette occasion que se dégage une évidence : si on avait confié à François le poste de son ancien responsable, personne ne l'avait lui-même remplacé. Sans doute la direction avait-elle pensé, que dans un premier temps, François pourrait occuper tour à tour les deux postes. Cette réunion fut donc l'occasion de nommer un adjoint qui puisse jouer le rôle d'interface entre l'équipe et François, décision fort appréciée par chacun. Alors que François avait pensé quitter ses fonctions, il est toujours actuellement poste. Sa direction vient de le confirmer dans sa fonction. Il lui arrive d'avoir encore quelques réactions de stress mais elles sont beaucoup moins vives qu'auparavant. Il entretient de bonnes relations avec son équipe et bien que chacun regrette un peu l'ancien responsable technique, il est bien considéré par chacun.

Dans cette situation le changement professionnel de François génère chez lui un stress auquel on pouvait s'attendre. S'il manifeste certains signes comme la méfiance (il a peur d'être mal jugé) et un symptôme d'allure obsessionnelle (il passe son temps à contrôler les membres de son équipe), nous ne sommes pas dans un registre pathologique. Le conflit vécu favorise chez lui une prise de conscience suivie d'un échange avec son équipe et d'une prise de décision – le choix d'un adjoint – qui s'avère payante. Le stress est en grande partie jugulé grâce à une action collective et raisonnée. Il aurait pu devenir, comme c'est souvent le cas, le terreau d'un harcèlement à venir.

Du côté des victimes, des caractéristiques communes.

Si les victimes n'ont pas de profil psychologique spécifique – ni de pathologie particulière – il n'en demeure pas moins que, toutes celles que nous avons rencontrées dans le cadre d'entretiens, semblaient partager un certain nombre de caractéristiques semblables. Celles-ci sont d'ailleurs en étroite relation avec l'environnement en question.

Le degré d'acceptation
des « différences » d'autrui

Si certaines personnes sont d'emblée harcelées à cause de leur différence – taille, sexe, race – **il faut noter que ce type de phénomène est bien souvent en étroite relation avec la culture de l'entreprise** dans laquelle elles évoluent, cette culture étant portée par les différentes personnes qui y travaillent.

Un individu peut très bien être rapidement stigmatisé et harcelé dans un contexte donné et ne pas l'être dans un autre. Tout dépendra du degré d'acceptation de cette différence par le groupe et ses représentants.

Le comportement effeminé de Daniel D.

Daniel D. travaille comme conseiller bancaire dans une banque dans le Sud de la France. C'est un collaborateur extrêmement apprécié par ses clients et ses collègues même si certains ont tendance à le tourner souvent en dérision. Daniel D. a en effet un comportement un peu efféminé et cela se remarque notamment quand il se déplace. Mais sa bonne humeur, son humour et son calme – il ne se fâche pour ainsi dire jamais – l'ont rendu très rapidement sympathique.

Daniel assumait très bien son comportement jusqu'à ce que son responsable d'agence soit muté et remplacé par un nouveau directeur d'une cinquantaine d'années « expérimenté et meneur d'hommes » selon la rumeur qui l'avait précédé. Très rapidement, ce directeur prit Daniel D. « en grippe ». Lors de réunions, il lui demandait, par exemple, d'aller chercher du café « pour les hommes ». Une autre fois, dans l'agence, il lui demanda de remplacer les fleurs en lui précisant que c'était quelque chose qui devait lui plaire ! Tout le monde était conscient de ce qui était en train de se passer. Un jour Daniel D. se fit insulter – il était au guichet – par son directeur qui lui lâcha sans même le regarder « qu'il n'avait pas besoin de « tantes » dans sa banque ». Daniel D. se leva pour aller directement dans le bureau de celui-ci. Il y eu des éclats de voix et chacun vit ressortir Daniel, rouge comme une pivoine. Son patron venait de lui dire qu'il n'aimait pas les « homos ». Le mot avait été lancé[1].

Dans certains environnements – comme le milieu de la mode ou de la publicité, secteurs que nous avons côtoyés – il y avait peu de chances pour que Daniel soit stigmatisé par son entourage ou harcelé par son responsable (du moins pour cette raison !). Cette anecdote n'est pas sans rappeler la comédie de Francis Weber *Le placard* où François Pignon (rôle joué par Daniel Auteuil), pour ne pas se faire licencier, fait courir le bruit qu'il est homosexuel. Le chef du personnel (rôle interprété par Gérard Depardieu) est homophobe. Il le prouve par ses remarques et ses réactions. On lui demande néanmoins pour des raisons stratégiques et « politiquement correctes », de ne plus licencier ce collaborateur. Et la plupart des spectateurs, en riant de certaines situations pourtant dramatiques – comme celle où il reçoit des coups de façon intentionnelle lors d'un match de rugby – se rend complice de l'agresseur. Certes, on rit d'un film dont on sait pertinemment qu'il n'est qu'une comédie. Mais est-elle aussi éloignée de la réalité qu'on le croit ?[2]

---

1. Dans une récente publication, nous avons montré que la plupart des gens étaient persuadés qu'ils étaient à même de distinguer chez leur interlocuteur leur orientation sexuelle. Ce type d'analyse fait bien sûr partie des théories implicites (ou naïves) de la personnalité qui voudraient que telle personne qui a un comportement un peu « maniéré » ou « délicat » soit automatiquement identifié comme homosexuel. Pour l'anecdote, Daniel n'était pas homosexuel même si dans son agence avait couru la rumeur qu'il vivait avec un homme.
2. Quand une personne est harcelée au sein de l'entreprise, les spectateurs de ce drame n'ont-ils pas tendance à rire parfois, à rester silencieux souvent, légitimant ainsi sans le savoir le comportement de l'agresseur ? Il s'agit d'un mécanisme de défense extrêmement courant – l'identification à l'agresseur – où on a tendance à se mettre du côté du harceleur pour tenter de neutraliser cette angoisse qui nous assaille (voir page 127).

Fort heureusement toutes les différences que l'on ne peut accepter d'autrui n'aboutissent pas obligatoirement à des situations de harcèlement. Mais toutes les différences ne sont pas aussi évidentes. Parfois, elles ne sont pas clairement énoncées et sans doute est-ce pourquoi certaines situations peuvent dégénérer. Tel individu pourra subir un harcèlement à son travail tout simplement parce que personne n'a pas eu le courage de lui parler franchement. C'est le cas, par exemple, de cette personne à qui on reprochait tout et n'importe quoi – dans son service, tout était obligatoirement de sa faute – mais à qui on n'osait pourtant pas dire qu'elle sentait, tout simplement, la transpiration...

La marginalisation volontaire des personnes « trop directes et trop franches »

Il nous est arrivé souvent de recueillir le témoignage de personnes extrêmement lucides – quant à leur place et leur finalité dans leur société – qui progressivement, s'étaient pour ainsi dire marginalisées volontairement à la suite des comportements qu'elles avaient eus ou à des propos qu'elles avaient tenus. Ce constat est intéressant car, il est certain, que les personnes qui sont un peu trop franches avec leur interlocuteur se feront tôt ou tard remettre en place, voire licencier, et dans certains cas, harceler. Cette situation a d'autant plus de chances de se produire que le contenu de ce qui est dit est cohérent et justifié pouvant placer l'autre dans une situation difficile.

Jeanne S. très directe, subit un travail de sape

Jeanne S. travaille dans une société de négoce. C'est une femme dynamique d'une quarantaine d'années qui a été habituée à changer d'entreprise car, comme son mari est militaire, elle le suit à chaque mutation. Pour son responsable Jeanne est une « emmerdeuse » mais comme elle a souvent raison, il s'en accommode tant bien que mal.

Comme son responsable Henri G. est surchargé de travail, l'entreprise a mis à sa disposition une nouvelle collaboratrice, Patricia, qui sera désormais l'interface entre lui et l'ensemble de son équipe. Elle est décrite comme une femme de caractère habituée aux relations sociales et possède d'ailleurs une formation similaire à celle de Jeanne. Une précision : bien que celle-ci doive lui rendre des comptes et passer par elle pour communiquer avec son responsable, elles possèdent toutes deux le même niveau hiérarchique (et un statut de Cadre).

La première réunion ne se déroule pas dans les meilleures conditions. Le ton de Jeanne, auquel tout le monde est habitué par ailleurs, choque Patricia et elle le fait immédiatement savoir. Jeanne lui répond — toujours devant les membres de l'équipe — que c'est sa façon de parler et qu'elle n'a aucune intention d'en changer. Une discussion s'élève et une de ses collègues explique à Patricia que Jeanne est peut-être un peu « vive » dans sa façon de s'exprimer mais qu'elle a souvent de bonnes idées. Patricia ne dit rien mais à voir son expression, elle n'a guère apprécié qu'on la mette en difficulté devant le groupe. Elle décide d'ajourner la réunion.

Le lendemain, Jeanne, qui se sent quelque peu fautive, tente de parler avec elle de l'incident. Patricia feint d'ignorer l'existence de celui-ci — et utilisant une communication paradoxale — lui signifie que c'était la dernière fois qu'elle remettait en cause la mission qu'on lui avait confiée. Dans les jours et les semaines qui suivirent, Jeanne fut la cible privilégiée de Patricia. Elle était constamment après elle, la critiquant pour des motifs bien souvent futiles. Jeanne mit quelque temps avant de se rendre compte que systématiquement les infos qu'elle transmettait à son ancien responsable n'arrivaient pas. Elle décida de le rencontrer pour en parler.

Quand elle le rencontra, Patricia était debout derrière le bureau à ses côtés. Elle sut à cet instant — et l'entretien le confirma — que Patricia avait fait un travail de sape. L'entretien fut l'occasion de préciser à Jeanne qu'elle allait changer de poste à l'intérieur de la société.

On retrouve là, l'une des stratégies des pervers-narcissique – l'intriguant – qui ont été mis en difficulté : la manipulation d'un tiers pour évincer l'autre, sans bien sûr, en préciser les vraies raisons.

Toutes ces personnes franches ne sont pas forcément convaincantes mais il suffit qu'elles remettent en place leur interlocuteur en leur prouvant notamment qu'il a tort ou en pointant certaines de ses faiblesses pour que l'autre se sente bafoué, humilié et qu'il se transforme par la suite, en fonction de sa psychopathologie – en harceleur potentiel. S'il est tout à fait utile de réagir, la forme est encore plus importante que le fond, dès lors qu'il est question de se positionner (voir page 167).

Le désinvestissement de sa fonction

Beaucoup de nos interlocuteurs nous ont relaté – au moment où ils étaient confrontés à une situation de harcèlement – qu'ils trouvaient généralement peu d'intérêt à leur travail et que, bien souvent, quel que soit leur poste, ils avaient choisi leur métier au hasard ou en désespoir de cause.

D'autres nous expliqueront que le temps[1] les avait en quelque sorte vidés de leur motivation d'origine.

Il est toujours difficile de savoir quel est le *primum movens* quand une personne vient vous raconter ce qu'elle a vécu ou ce qu'elle est en train de vivre et certains éléments de son histoire.

© Éditions d'Organisation

---

1. Associé à certaines méthodes de management !

Que le harcèlement ait des incidences négatives voire néfastes sur la qualité du travail est incontestable. Mais il reste également possible que le faible investissement qu'ont certains collaborateurs dans leur travail les « prédispose » à devenir dans le temps – sans qu'ils le veuillent – les victimes potentielles d'un harcèlement.

Pour qu'un tel phénomène puisse se produire, il semblerait que **quatre facteurs doivent être réunis : une personne faiblement impliquée dans son travail (la victime potentielle), dont le faible investissement soit visible (par le futur harceleur), un « harceleur » potentiel possédant une structure –** ou une pathologie – **bien spécifique et une légitimation de son comportement par l'entreprise** (cette dernière condition existant facilement).

Cela ne signifie nullement que toutes les personnes qui ont un faible investissement dans leur travail seront obligatoirement victimes d'un harcèlement, loin de là. L'entreprise et la culture des hommes qui la dirigent ou qui y travaillent sont d'un poids considérable. Nous avons ainsi rencontré une jeune femme qui exerçait dans une administration où l'objectif était de travailler le moins possible. Le plus extraordinaire, c'est que ceux qui tentaient d'aller à l'encontre de cette règle, étaient immédiatement critiqués par les autres...

Le surinvestissement

Mais si certains peuvent être les cibles d'un harcèlement potentiel parce qu'ils sont identifiés comme des personnes faiblement investies dans leur travail, il en va de même pour ceux qui, au contraire, surinvestissent leur fonction. En général, ce type de personnalité est facilement repérable. Il est constitué d'individus scrupuleux, méticuleux dans leur tâche qui veulent faire bouger les choses autour d'eux. Pourquoi donc seraient-ils harcelés ? Justement pour ce qu'ils montrent – leur dynamisme, leur humour, leur intelligence, leur sens de l'à-propos, leur désir d'améliorer leur cadre – toutes ces qualités que l'autre (l'agresseur) ne possède pas forcément et qu'il doit, sans doute, envier.

Ainsi leur entourage professionnel proche, pourra-t-il leur reprocher « d'en faire un peu trop » et il suffit que la personne en question prenne de l'importance par rapport à une autre – un collègue par exemple – ou qu'elle fragilise son autorité[1], s'il s'agit d'un manager, pour que puisse s'engager, avec toutes les réserves déjà énoncées, un processus de harcèlement. C'est ce que nous observons en entreprise et le phénomène a d'autant plus de chance de s'initier que l'équilibre psychologique du « harceleur » potentiel n'est pas bien établi.

Comme le soulignent très justement Amiel et Marchio « l'incompétence est une menace pour soi-même, la compétence est une menace pour les autres »[2], ce à quoi nous ajoutons : *l'incompétence d'autrui rassure celui qui ne veut pas être détrôné, la compétence l'inquiète car elle est toujours susceptible de le remettre en cause et de lui faire prendre conscience de sa propre incompétence.* Ce à quoi se refusent les structures paranoïaques et les pervers.

© Éditions d'Organisation

---

1. En remettant en cause son statut, son image, la finalité de son poste, etc.
2. Amiel P, Marchio C, « Projet pour le concours Seita « violence, réalité, obsession, phantasme » *in* M.F. Hirigoyen, op. cit.

L'importance et l'impact du « système de croyances ». Ses liens avec les affects

Ce que nous appelons « système de croyances » est l'ensemble des idées et des conceptions que nous avons des hommes, des choses et de l'environnement et que nous considérons comme des vérités ou des certitudes qui n'ont pas besoin d'être vérifiées.

> Certains auteurs font également référence à un « univers de croyances » c'est-à-dire à un « *ensemble indéfini de propositions que le locuteur, au moment où il s'exprime, tient pour vraies ou qu'il veut accréditer comme telles* »[1]. D'autres vont plus loin et expliquent que « toutes les croyances sont non seulement affectées d'une valeur de vérité ou de certitude mais de plus elles sont étroitement associées à des affects qui en modulent les effets »[2]. Ainsi un agresseur qui a une structure de personnalité paranoïaque à qui on demande s'il se sent bien ou s'il est malade le prendra forcément mal (c'est une insulte), toute autre personne (saine) répondra à cette demande par l'affirmative ou la négative ou donnera plus d'informations en fonction de la personne qui l'interrogera.

Ainsi, dans le cadre d'un harcèlement, si on pouvait imaginer un instant qu'une victime puisse dire à son agresseur – qui possède une structure de personnalité paranoïaque ou est un véritable pervers – qu'elle est harcelée[3], la victime considérera

---

1. Blanchet A., « Pragmatique et Psychopathologie », *In* WIDLÖCHER D. *Traité de psychopathologie*, Chapitre 29, 883-919, PARIS, P.U.F.
2. Bonis de. M., Fargeas X., « Les modèles computationnels », *In* WIDLÖCHER D. *Traité de psychopathologie*, Chapitre 8, 223-249, PARIS, P.U.F.
3. C'est, en effet, un conseil à ne surtout pas suivre.

que son affirmation est vraie. En revanche, l'agresseur l'interprétera comme fausse[1]. Ce qui signe le caractère pathologique
d'une telle relation est cette différence de perception : vrai
pour celui qui l'exprime, faux pour celui qui l'entend. En
d'autres termes, chaque croyance sera étroitement associée à la
personnalité et aux affects de son auteur.

Aborder la question du harcèlement à partir du
« système de croyances » de la victime nous semble
d'autant plus pertinent que jusqu'ici aucun auteur ne s'y
était véritablement penché. Cette approche se fixe comme
ambition de s'intéresser aux discours des victimes et en particulier à la façon dont elles se jugent et dont elles perçoivent
leur environnement. Elle décrit quelles sont les motivations
qui peuvent expliquer pourquoi les victimes ne veulent pas –
ou ne peuvent pas – réagir, un comportement relativement
fréquent dans ce type de situation. Il s'agit, bien sûr, d'un
éclairage comme il en existe d'autres – qui n'a pas la préten-
tion d'être exclusif ni même suffisant – mais qui a toutefois le
mérite de fournir un certain nombre d'explications causales
qui permettent de mieux comprendre la relation agresseur-
victime. Nous faisons référence à un « système de croyances »
car, si certains éléments dans le discours des victimes correspondent à une juste perception des choses et de leur environnement, ce n'est pas toujours le cas. Les trois domaines qui
sont spontanément évoqués dans les discours concernent
l'entreprise, l'agresseur et enfin la victime elle-même.

---

1. Si on montre à un pervers son « vrai visage » il deviendra rapidement quelqu'un de dangereux. Quant au paranoïaque, il préférera rejeter sur autrui ce qu'il considérera comme une attaque
en utilisant un mécanisme de défense qui lui est spécifique : la « projection ».

L'analyse qui suit repose sur quelques centaines de témoignages. Elle n'a toutefois pas l'ambition de se vouloir exhaustive ni même totalement objective même si, inévitablement, beaucoup se reconnaîtront dans les discours.

Le système de croyance des victimes

L'entreprise[1]

Les réponses les plus fréquemment citées concernent préférentiellement « l'entreprise » perçue comme une entité vivante indépendamment des hommes qui la dirigent même si parfois ils sont désignés mais jamais nommés. Les illustrations en sont diverses et mettent, en général, l'accent sur trois dimensions :

La connaissance de la réalité du harcèlement sur le terrain
« *De toute façon l'entreprise, elle sait ce qui se passe mais elle ne veut rien faire.* » (E, AM)[2]
« *Toute l'entreprise est au courant.* » (E, AM)
« *C'est tellement gros que c'est impossible que l'entreprise ne le sache pas.* » (E, AM)

La durée du phénomène dans le temps
« *Ca fait tellement longtemps que ça dure que ça m'étonne qu'on fasse quelque chose.* » (E, AM)

L'impuissance de l'entreprise à intervenir
« *S'ils avaient pu faire quelque chose, ils l'auraient fait depuis longtemps.* » (E, AM)

© Éditions d'Organisation

---

1. Nous nous prononcerons sur la véracité ou non de ces croyances dans la partie consacrée au fonctionnement de l'entreprise.
2. (Employé : E, Agents de Maîtrise : AM, Cadres : C).

L'agresseur

Souvent les victimes – quand elles sont employées ou agents de maîtrise – affirment que leur agresseur – qu'il soit employé, cadre ou agent de maîtrise – est « protégé » par un membre de la hiérarchie ou qu'il entretient même un lien de parenté avec lui. Le fait que l'agresseur participe activement au développement économique de l'entreprise, quel que soit son statut, est également souvent cité par les employés où les agents de maîtrise – parfois par les cadres – pour expliquer l'immobilisme des représentants de l'entreprise. Posséder des parts dans une société protégerait également l'agresseur quand il est cadre, vision exprimée essentiellement par les victimes quand elles sont de même statut. Il y aurait, pour les employés et les agents de maîtrise, alors que tout le monde est au courant de la situation de harcèlement, une volonté de ne rien faire. L'ancienneté de l'agresseur dans son poste – pour un employé – ainsi que le coût d'un licenciement – pour un cadre – constituent également des raisons souvent citées quelle que soit la position dans la hiérarchie. Quand l'agresseur est une femme – qu'elle soit cadre ou non – et qu'on accepte son comportement, c'est prétent-on, obligatoirement parce qu'elle a des relations sexuelles avec un responsable hiérarchique (cité préférentiellement par les hommes quel que soit leur niveau dans la hiérarchie) ou qu'elle est « protégée » par lui (cité préférentiellement par les femmes qui mettent cet argument en relation implicite avec celui précédemment évoqué). Précisons que lorsqu'un cadre « victime » explique que son homologue est « *protégé* » ou « *qu'il a de trop bons résultats pour qu'on le vire* », il fait référence dans tous les cas à un cadre qui se situe obligatoirement au-dessus de lui en termes de positionnement hiérarchique.

S'il s'agit d'un collègue (de même niveau)
« *Tout le monde le sait mais personne ne veut rien faire.* » (E, AM)
« *C'est le chouchou du directeur.* » (E, AM)
« *C'est un bon vendeur* » ou « *de toute façon, il fait gagner tellement de pognon à l'entreprise.* » (E, AM)

« *C'est le beau-frère du patron.* » *(E, AM)*
« *Il est trop ancien dans son poste (pour qu'on puisse le virer).* »
(E, AM, C)

S'il s'agit d'un cadre ou d'un agent de maîtrise (ayant des fonctions d'encadrement)

« *Il est protégé, c'est sûr.* » *(E, AM, C)*
« *C'est quelqu'un de la famille des patrons.* » *(E. AM et C)*
« *C'est forcément un actionnaire...* » ou « *quelqu'un qui a des billes dans l'affaire.* » *(C)*
« *Il a de trop bons résultats pour qu'on le vire.* » *(E, AM, C)*
« *Ça coûterait trop cher de le virer.* » *(E, AM, C)*
« *Il est intouchable, ça fait trop longtemps qu'il est à ce poste.* » *(E, AM, C)*

S'il s'agit d'une femme : (cadre ou non-cadre)

« *Il la garde parce qu'elle couche avec...* » *(E, AM, C)*. Proposition citée en majorité par des hommes.
« *Elle est protégée par...* » *(E, A, C)*. Proposition citée en majorité par des femmes.

La victime

Quel que soit le statut de la victime et indépendamment de son sexe, les arguments sont souvent identiques. Les employés et les agents de maîtrise mettent en avant leur impuissance à réagir, témoignent de leur faible confiance en la hiérarchie pour les aider et ont tendance à se dévaloriser à cause de leur statut (en particulier les employés). Certains ont également tout à fait conscience du caractère pathologique concernant le comportement de leur agresseur. Leur position est dominée, avant tout, par une vision dépressive de l'avenir (qui est tout à fait légitime dans leur situation). Pour les cadres, les comportements de fuite remplacent chez eux la dépression même si la plupart y sont aussi confrontés. Si les cadres supérieurs ne voient pas d'autres possibilités que de quitter leur société, ils évoquent systématiquement des compensations financières en contrepartie.

© Éditions d'Organisation

Employé et Agent de Maîtrise (homme ou femme)
« Je ne suis qu'un(e) employé(e). »
« Il n'y a rien à faire, c'est comme ça. »
« C'est impossible de réagir. »
« Je sais que je ne serai pas soutenu si je réagissais. »
« Je n'ai confiance en personne et surtout pas à l'intérieur de l'entreprise. »
« Ils sont tous main dans la main. »
« On ne peut rien faire contre des fêlés. »
« C'est un manipulateur, je ne me sens pas de taille. »
« Après ses séminaires de management, il fait semblant d'être bien pendant quelques jours puis il recommence à être odieux, le pire, c'est que je ne peux rien faire. »

Cadre (homme ou femme)
« C'est un taré, il n'y a rien à faire à part partir. »
« Je démissionne avant de péter les plombs. »

Cadre supérieur
« Je me suicide si ça continue. Je préfère arranger mon départ »
« Je démissionne mais je les fait payer. »

Si nous effectuons une synthèse rapide de l'ensemble des discours, il semblerait que se dégagent un certain nombre de dominantes.

La première concerne **la responsabilité de l'entreprise ou des représentants qui la dirigent.** Pour les victimes, ces responsables savent pertinemment qu'il existe une situation de harcèlement – au sein de leur service ou de leur entreprise – mais il y a volonté délibérée de leur part de ne pas intervenir.

La seconde dominante repose également sur la conviction que **l'agresseur bénéficie soit d'une « protection » interne** – c'est le chiffre d'affaires qu'il fait gagner à la société – **soit**

externe – c'est le responsable hiérarchique ou le lien familial – supposé ou non – que celui-ci entretient avec lui. Si l'agresseur est une femme, elle serait également protégée, pour les victimes, grâce aux relations intimes qu'elle entretiendrait avec un responsable hiérarchique.

Quant à la dominante chez les victimes, qu'ils soient employés ou agents de maîtrise, elle semble préférentiellement marquée par **un fatalisme qui débouche sur une vision dépressive de l'avenir** sans doute à cause de leur croyance en leur incapacité à réagir. Chez les cadres et cadres supérieurs, rares seront ceux qui avoueront explicitement leur dépression sans doute à cause d'une vision plus ouverte de l'avenir « la fuite masquant leur symptômes ».

> *Ne pas sous-estimer la symptomatologie de la victime.*

Le harcèlement ne constitue certainement pas un comportement nouveau et il y de grandes chances pour qu'il ait toujours existé dans les organisations. Comme nous avons eu l'occasion de le découvrir le processus est insidieux, destructeur et conduit inévitablement la victime à des troubles à la fois psychologiques – voire psychopathologiques – et somatiques qu'il serait tout à fait dangereux de sous-estimer. Mais quelle est donc la responsabilité de l'entreprise et de ses dirigeants dans un tel phénomène ?

4 | QUELLE EST LA RESPONSABILITÉ DE L'ENTREPRISE DANS LE HARCÈLEMENT

Nous avons souvent constaté que la question des Ressources Humaines – et notamment de ses représentants – était souvent au centre de la problématique que constituait le harcèlement.

Les victimes ne trouvent aucun recours auprès de DRH principalement orientées vers des questions techniques, administratives ou stratégiques.

L'expression Ressources Humaines fait implicitement référence au potentiel que chacun de nous possède en termes de compétences, d'aptitudes, etc. En anglais le mot ressource est également intimement lié à l'homme : ainsi parlera-t-on de *personne-ressource.*

Ces quarante dernières années les entreprises ont beaucoup évolué au niveau des ressources humaines. Ainsi, autrefois, on avait souvent affaire à des « directions du personnel » avec très souvent, à leur tête, d'anciens militaires de carrière que l'on appelait « responsables » ou « chefs du personnel ». Puis ils ont été remplacés par des gens plus diplômés même si on retrouve encore d'anciens syndicalistes et une majorité d'autodidactes. Dans le même temps, ces services se sont métamorphosés pour devenir de respectables « Directions des Ressources Humaines – avec des DRH à leur tête – voire des « directions du développement des Ressources Humaines et de l'Emploi ».

Cette évolution progressive de la terminologie au sein des directions des Ressources Humaines – et les personnes harcelées sont bien placées pour en parler comme nous le verrons – ne s'est, pas forcément accompagnée d'une évolution comparable au niveau des mentalités : il existe encore aujourd'hui des responsables qui exercent dans le domaine des Ressources Humaines avec une pratique et des présupposés quelque peu dépassés, comme nous l'avons constaté en rencontrant plus de 150 DRH, Responsables de recrutement, de l'emploi et de la formation, ces dix dernières années.

Bien qu'il existe autant de « services de personnel » que d'entreprises, nous pouvons affirmer – à partir de nos différentes observations sur le terrain – que les aspects considérés comme les plus importants au sein des Ressources Humaines concernent avant tout des questions techniques, administratives et stratégiques, tout ce qui touche l'efficacité personnelle au niveau des hommes (gestion de conflits, du stress, etc.) étant jugé plus secondaire.

L'enquête de Aon-Consulting à laquelle nous nous référons[1] indique, très clairement que, les trois principales contributions des RH considérées comme étant les

© Éditions d'Organisation

---

1. Le sondage – Les Ressources Humaines en France : « Grandes Tendances pour 1998-1999 ». Enquête ANDCP-Aon Consulting (enquête réalisée à partir de 184 questionnaires).

plus importantes à la réussite de l'entreprise concernent essentiellement des questions organisationnelles et stratégiques.

- *« Piloter les projets de changements organisationnels »* (62 % de réponses),
- *« Travailler avec le management opérationnel »* (60 % de réponses),
- *« Définir les stratégies d'entreprise »* (42 % de réponses).

Il est tout à fait intéressant de constater que les trois activités identifiées, par ces mêmes professionnels, comme apportant la contribution la moins importante à la réussite de l'entreprise concernent essentiellement ce qui constitue pourtant le pivot traditionnel des spécialistes qui exercent au sein des Ressources Humaines.

- *« Veiller au suivi des politiques et procédures RH »* (15 % de réponses),
- *« Traiter les questions individuelles de personnel »* (14 % de réponses),
- *« Développer l'équipe RH »* (11 % de réponses).

Ces trois contributions doivent sans doute en grande partie expliquer – notamment la seconde –pourquoi il y aussi peu de personnes harcelées qui se tournent vers les DRH. Dans l'échantillon de M.F. Hirigoyen seuls 19 % d'entre-elles iront en parler à leur DRH et, seulement, 1 % des personnes concernées jugeront avoir trouvé de l'aide auprès d'eux.

Entre le marteau et l'enclume, un positionnement difficile

Il est clair que le positionnement d'un DRH dans l'organisation, ou de toute autre personne qui possède des fonctions similaires, ne doit pas toujours être facile à vivre. Entre la direction avec laquelle il est en contact fréquent – et dont il fait souvent partie – et le reste des collaborateurs, quelle est sa place ? Il est relativement facile de comprendre, en particulier dans certaines situations extrêmes, que si d'un côté les membres de la direction peuvent être satisfaits de la négociation où intervient un DRH, ce ne sera pas forcément la même chose du côté du personnel (ou des syndicats) et inversement. Mais réduire l'impuissance des DRH, ou de leurs représentants, à gérer la situation spécifique que constitue le « harcèlement » à ce simple constat n'est certainement pas suffisant[1].

La méconnaissance de la psychologie humaine appliquée aux organisations

Derrière un discours que nous avons souvent entendu – celui de l'absence de preuves concrètes – qui expliquerait leur impossibilité d'agir, se cachent, en fait, d'autres motivations. La première d'entre-elles est la peur. Quand il est question de faire le point avec un collaborateur qui se réfère à des questions uniquement professionnelles comme une incompatibilité d'humeur entre deux personnes (reposant sur des faits), une faute professionnelle grave, un non respect de la législation en place, etc. les DRH savent, en général réagir et le font bien. Quand il est question de problématiques de nature beaucoup plus psychologique voire intime, comme le harcèlement, les DRH ont beaucoup plus de mal à en parler et quand ils le font – et nous avons été souvent confronté à ce type de situation – c'est toujours quand les événements se sont déjà précipités (dans le mauvais sens !) alors qu'ils pensaient que la

---

1. Les assistantes sociales qui travaillent pour une entreprise sont dans la même position délicate.

situation s'était calmée. C'est le cas, par exemple, de cette jeune femme qui était allé porter plainte pour violence auprès du commissariat, ou de ce cadre supérieur qui avait prévenu son Président que si rien n'était fait concernant la personne en question (un homologue qui l'humiliait constamment devant son équipe), il irait raconter son expérience à un de ses amis journaliste qui ne manquerait certainement pas de commenter son histoire dans la presse et ce, même s'il se faisait licencier par la suite.

Cette « peur » n'est pas à confondre avec « un manque de courage » même si cela est parfois lié. Elle est plutôt à mettre en relation avec une méconnaissance non seulement du harcè-lement mais aussi de tout ce qui concerne, pour simplifier, la psychologie humaine appliquée aux organisations. Or, ce que l'on ne connaît pas fait peur et ce qui fait peur est, par défini-tion, générateur d'angoisse. Ce constat est tout à fait banal quand on connaît la formation d'origine des DRH qui sont issus de plus en plus souvent d'écoles de commerce ou d'universités avec des formations qui n'entretiennent générale-ment qu'un lien extrêmement ténu avec le domaine des « Ressources Humaines »[1]. De ce fait, certains peuvent être amenés à considérer les Ressources Humaines comme de la simple logistique, les hommes étant réduits à de simples mar-chandises que l'on gère comme un stock. La brutale fermeture de tous les magasins Marks and Spencer au mois de mars 2001 – avec une quasi absence de communication – en est une parfaite illustration[2].

---

1. Formations en droit, en économie, en gestion, etc.
2. Ce que nous contestons ne concerne bien sûr pas le fond mais la forme.

La connaissance du harceleur, l'importance de son statut et de ses qualités professionnelles dans la difficulté d'agir

Dans le cadre de notre fonction, il est arrivé que certains DRH nous invitent afin de les aider à prendre des décisions concernant des situations de harcèlement (psychologique ou sexuel). Les échanges que nous avons eus avec eux nous ont clairement montré que leur difficulté à réagir reposait principalement sur deux problématiques.

La première est en relation avec la connaissance qu'ils peuvent avoir du harceleur. Le fait de bien le connaître – cela peut être une amitié professionnelle ou extra-professionnelle – place le DRH ou tout autre responsable dans une position extrêmement difficile certainement gênante – presque insoluble.

La seconde est en relation avec le statut et les qualités du harceleur. S'il s'agit d'un cadre dirigeant ou supérieur, on aura tendance à lui proposer l'accompagnement d'un consultant pour l'aider dans « l'épreuve » qu'il traverse ou de lui trouver des circonstances atténuantes. Si de plus, la personne incriminée participe activement au développement de l'entreprise, en termes de chiffre d'affaires, il y a de grandes chances pour qu'elle fasse tout pour la garder en son sein sauf, si bien sûr, le comportement du harceleur est mis sur la place publique !

Les théories implicites de la personnalité

Il existe également un autre phénomène qui concerne non plus seulement les DRH mais aussi la plupart des personnes qui gravitent autour de lui : ce sont les « théories implicites de la personnalité » qui sont, en quelque sorte, **des théories psychologiques naïves** destinées à expliquer certains types de comportements. On les trouve dans tous les domaines des Ressources Humaines, qu'il s'agisse du recrutement (morphopsychologie, graphologie, etc.), de la formation (PNL, Gestuologie, etc.), du management (la fameuse théorie des « deux-cerveaux »), etc. Il était donc inévitable de les retrouver dans la question relative au harcèlement. Ainsi quand on entend qu'une femme qui s'est faite harcelée « *l'a forcément cherché* », que cette autre personne – qui subit violences et humiliations depuis des semaines – est « *forcément masochiste* », nous sommes en face d'explications naïves qui seront d'ailleurs très rapidement justifiées par leurs auteurs : « *vous voyez bien qu'elle est masochiste : elle ne dit rien* » avec une signification sous-jacente « *c'est donc qu'elle aime* » légitimant le fameux dicton « *qui ne dit mot consent* ».

D'où l'importance de se former avec des spécialistes qui connaissent bien la question.

Les consultants extérieurs en RH sont rarement formés à la psychologie du travail

« Les consultants en Ressources Humaines ont bien souvent des formations insuffisantes » m'avait confié le Responsable de la formation et de l'emploi d'un des plus grands groupes industriels français. Il faut savoir que le terme de consultant n'est pas légalement protégé et que chacun peut donc s'intituler comme tel du jour au lendemain. Tout dépendra donc de la formation d'origine de celui-ci et du lien qu'il aura pu faire entre les différentes théories dont il disposera et la réalité de l'entreprise.

Si nous reprenons l'enquête de Aon consulting et que nous continuons à nous intéresser aux différentes contributions à l'efficacité organisationnelle – dans le domaine des Ressources Humaines – nous remarquons que la dernière réponse citée, autrement dit la contribution la moins importante, est : « la sélection et la gestion des consultants externes » recueillant seulement 4 % de réponses. Il n'est donc pas étonnant que l'action des consultants intervenant au sein des organisations ne soit pas d'une qualité garantie, d'autant plus qu'une grande majorité d'entre eux semble avoir la fâcheuse tendance à se présenter avec des titres qu'ils n'ont pas.

Dans le cadre d'une recherche doctorale, sur les 62 consultants spécialisés en Ressources Humaines que j'avais interrogés, 22 s'étaient présentés comme étant des psychologues de formation. Pour pousser plus loin mes investigations, à la fin de l'entretien j'avais demandé à chacun d'entre-eux de me préciser la dénomination de son diplôme et le nom de sa faculté d'origine. Si certains réussirent à m'apporter quelques précisions, la quasi-totalité d'entre eux souffriront d'une soudaine amnésie concernant le nom de leur faculté d'origine. Ainsi sur les 22 consultants s'étant présentés comme étant des psychologues, un seul d'entre eux sera en mesure de me préciser la nature de son diplôme, sa spécialisation et le nom de sa faculté d'origine. Comme il s'agit d'un titre légalement protégé, on peut donc être assez inquiet quant à la dimension éthique qui guide ces différents praticiens.

Le choix judicieux des consultants est d'autant plus nécessaire que leur intervention risque de concourrir bien souvent, à la violence perverse déjà existante. Certains consultants pourront ainsi fournir aux entreprises, ce qu'ils appellent dans leur jargon « des DRH Killers » ayant pour mission de régler des situations délicates (plans sociaux, licenciements, etc.).

Que penser de l'éthique des sociétés qui donnent leur aval pour de telles missions ? Que penser de l'éthique de ceux qui les acceptent ? Et qui se dédouanent à bon compte comme ce consultant qui nous expliquera que la personne à l'origine de

© Éditions d'Organisation

cette mission est le patron de l'entreprise et non pas lui. Que penser, dans le domaine de la formation, de ces consultants qui apprennent aux managers comment « motiver » leurs collaborateurs en se servant de « théories » issues d'ouvrages dont tous les praticiens[1] savent pertinemment qu'ils comportent de véritables règles de manipulation, principale caractéristique des pervers.

Il n'y a qu'à choisir un exemple au hasard tiré du fameux ouvrage « *l'Art de la Guerre* » de Sun Tzu, considéré comme une bible de la stratégie pour certains, et de l'adapter au séminaire en question :

> ***Texte originel :***
> Tu Yu : « Ne laissez pas vos ennemis s'unir... »
>
> Wang Hsi : « Examinez la question de ses alliances et provoquez-en la rupture et la dislocation ».
>
> ***Deviendra pour être rendu beaucoup plus acceptable :***
> « Un bon manager ne doit pas laisser ses collaborateurs se réunir pour qu'ils puissent le critiquer. Il doit savoir diviser pour mieux régner »
>
> *(Extrait d'un séminaire de management)*

Nous sommes persuadé que la plupart des consultants en Ressources Humaines ne savent absolument pas que ce qu'ils délivrent sont, bien souvent, des règles de stratégies perverses même si nous avons souvent observé que certaines d'entre-elles pouvaient être suivies à la lettre.

---

1. Psychiatres et psychologues.

Un exemple de savoir dire « non » d'un manager à son collaborateur.

> Lui : *Bonjour Sophie, puis-je savoir pour quelle raison vous avez pris ce rendez-vous ?*
>
> Sophie : *Bien sûr, je souhaiterais savoir si nous pouvions reparler de mon salaire comme vous me l'aviez déjà promis, il y a quelques temps...*
>
> Lui : *Ah la la, vous tombez mal...*
>
> Sophie : *...*
>
> Lui : *...Vous savez que nous avons investi des sommes considérables dans le projet dont vous vous occupez...*
>
> Sophie : *Oui, je le sais mais...*
>
> Lui : *et que nous ne savons pas encore quand il y aura un retour sur investissement...Justement je comptais vous voir pour en parler. Vous en êtes où Sophie au niveau de cette fameuse molécule ?*
>
> Sophie : *C'est dur à dire, je crois que nous sommes prêts du but...*
>
> Lui : *Écoutez, c'est parfait. N'hésitez pas à revenir me voir dès que cette molécule sera au point. Vous savez que c'est important pour nous. Et puis surtout n'oubliez pas de parler de votre salaire la prochaine fois... Allez, à bientôt et encore merci d'être passée me voir.*

> ## Les représentants des salariés, délégués du personnel ou syndicalistes ne sont pas bien placés non plus.

Quelques personnalités conseillent d'aller voir également leur représentant syndical. Si des questions peuvent être effectivement résolues par eux, celle du harcèlement nous semble être beaucoup plus complexe pour trois raisons. La première concerne l'image du syndicaliste français ; la seconde, la dimension psychologique et individuelle. La question de la preuve constitue la troisième raison. Si certains représentants syndicaux peuvent, dans certains cas particuliers, attirer l'attention des responsables sur cette situation particulière qu'est le harcèlement, il n'en demeure pas moins que bien souvent le fait de se faire accompagner par un membre de son syndicat n'est pas toujours bien perçu par les responsables et même si sa demande est fondée.

« Quand j'ai vu la tête que tirait mon DRH quand je suis entrée dans son bureau accompagné de mon responsable syndical, j'ai su tout de suite que je n'avais pas fait le bon choix », ainsi s'exprimait Josette P., comptable dans une société filiale d'un grand groupe de VPC. D'ailleurs, continua-t-elle, son DRH l'avait pour ainsi ignorée en s'adressant directement à son responsable pour lui demander ce qu'il voulait « encore ».

L'image du syndicalisme est marquée en France par son côté « revendicatif ». La conséquence est négative car bien souvent on considérera que la victime – qui se fait accompagner par un représentant syndical – aura nécessairement, elle aussi, quelque chose à revendiquer (alors que sa demande est légitime).

La seconde raison, d'ailleurs en étroite relation avec la précédente, repose sur le fait que les syndicats travaillent essentiellement sur le terrain des revendications sociales et collectives. Or le harcèlement concerne une dimension avant tout psychologique et individuelle (chaque personne harcelée constitue un cas), ce qui, fondamentalement les éloigne de leur terrain de prédilection.

La question de la preuve pose également un problème de taille. Si une erreur de procédure a été commise – lors d'un licenciement par exemple – il est facile d'en apporter la justification. Dans le cas d'un harcèlement, il est beaucoup plus délicat d'apporter devant un responsable (syndicaliste ou non) des faits concrets.

Faire donc appel à un responsable syndical nous semble donc un choix assez délicat.

La question du harcèlement est rarement traitée dans le domaine du management et les rares auteurs qui l'ont jusqu'ici abordée l'ont fait sans nécessairement connaître l'entreprise. En fonction de la personne que l'on conseille de rencontrer, dès lors qu'il est question de résoudre cette problématique, le résultat est soit discutable – dans le cas du médecin du travail ou d'un syndicaliste – soit inquiétant quand il s'agit d'un hiérarchique qui laisse faire ou d'un DRH qui lui-même a trempé dans le même type d'expérience.

Nous avons vu que le harcèlement relevait, dans la majorité des cas d'un conflit, exprimé ou non, et qu'il était en étroite relation avec la psychopathologie de l'agresseur et la « philosophie managériale » de l'entreprise. Et, en utilisant une métaphore – *quand le président tousse, toute l'entreprise s'enrhume !* – nous avons montré que le centre de décision d'une entreprise venait du haut de la hiérarchie – la direction générale dans le cas d'une grande entreprise – ou du patron dans le cas d'une PME.

La structure généralement pyramidale des organisations favorise un mode de fonctionnement qui, dans le cas du harcèlement, a des incidences plus ou moins négatives qui dépendent, à la fois, de la taille de l'entreprise et du nombre de strates hiérarchiques.

Si on lâche un objet, il tombe. De même dans une entreprise à structure pyramidale, les informations parviennent très facilement à la base. Ce qui distingue une entreprise d'une autre sera le nombre de strates hiérarchiques qui séparent le haut de l'entreprise (la direction générale) du bas (les collaborateurs et les employés). Le temps que mettra l'information pour arriver à son (ou ses) destinataire(s) sera proportionnel au nombre de strates qui dépendra lui-même de la taille de l'entreprise.

Or, chacun sait que lorsqu'un objet est tombé, il y a peu de chances qu'il remonte spontanément : il faudra donc un minimum d'effort pour s'en saisir. De même, dans les entreprises, si l'information passe bien dans un sens, ce n'est pas toujours le cas dans l'autre, notamment quand les informations sont considérées comme un peu trop « sensibles » pour être communiquées vers le haut.

Ainsi en va-t-il du harcèlement (sexuel ou moral). Est-ce à dire que les directions générales ou les patrons de PME ne sont pas au courant de ce qui se passe au sein de l'entreprise ? En tous cas, on constate de profondes discordances entre les discours des uns (la base par exemple) et celui des autres (membres de la direction générale et cadres dirigeants).

Dans les PME, le patron de l'entreprise – notamment quand il a plusieurs fonctions, dont celle de DRH – sait très rapidement s'il existe des problèmes de harcèlement au sein de sa structure. Il est en particulier renseigné par les rumeurs plus ou moins persistantes – fondées ou non –, voire la « confession » de certains de ses cadres ou même des observations directes. Il peut cependant aussi de pas vouloir « voir » ce qui se passe pour des questions que nous aurons l'occasion d'aborder ici, obéissant de ce fait à un mécanisme assez fréquent que nous retrouverons également au sein des grandes entreprises : **le déni**.

Dans les grandes entités, la question du « savoir ce qui se passe » est plus complexe. Ainsi dans une organisation importante composée de plusieurs entités autonomes réparties sur le territoire – en France et/ou à l'étranger – il y a peu de chances pour que le véritable centre de pouvoir de l'entreprise – c'est-à-dire les représentants de la direction générale de l'entreprise – ou même la DRH soient au courant de ce qui se passe. Mais l'éloignement géographique de ces entités de leur véritable centre de décision ou des DRH[1] n'est pas suffisant pour expliquer pourquoi l'information concernant certaines situations, comme le harcèlement, n'arrive pas toujours au sommet de la hiérarchie. Le même constat peut être fait dans des organisations qui regroupent toutes leurs activités au sein d'une seule entité où sur un seul lieu géographique (la même ville par exemple).

Dans ces deux cas, on retrouve un certain nombre de phénomènes semblables.

---

1. Bien que la plupart des filiales ont elles-mêmes des DRH mais qui doivent également rendre compte au DRH du siège.

> **Les mécanismes psychologiques en œuvre ne permettent pas d'identifier un processus de harcèlement.**

Quand un cadre, avec des fonctions managériales, est lui-même l'agresseur, il y a peu de chance qu'il aille en parler au DRH ou à sa hiérarchie. S'il est témoin d'un harcèlement entre collaborateurs – que ceux-ci soient cadres ou non – il peut considérer que cette situation n'a pas à être communiquée à sa hiérarchie. Soit, il pensera que cela relève de sa compétence et que sa responsabilité de manager est de la gérer (ce que dans la réalité il fait rarement). Soit, il décidera de faire remonter l'information tout en sachant qu'elle sera bloquée, à un moment ou à un autre, par un cadre de sa propre hiérarchie. De ce fait, il y aura peu de chances, d'après lui, pour qu'elle puisse être connue de la direction générale de l'entreprise. Mais il peut aussi avoir peur d'être jugé par sa hiérarchie comme « incapable » de gérer cette situation ou peur des influences négatives sur sa propre carrière : « *Il vaut mieux ne pas faire de vagues* » pourront dire certains cadres.

Un mécanisme de défense prévalent, le « déni »

La perception de l'environnement peut être faussée par un mécanisme de défense bien connu : le déni, dont nous avons déjà parlé à propos des patrons de PME. Certains ne veulent pas voir, ce qui peut se passer autour d'eux. Ils n'ont pas une réelle volonté de ne pas voir, mais le mécanisme de défense les protège : le déni peut toucher aussi bien le collaborateur que le cadre dirigeant.

Le déni est cette **« action qui consiste à refuser la réalité d'une perception vécue comme dangereuse** ou douloureuse par le

moi »[1]. Le mot dénier signe déjà un double refus de par son pré-
fixe *dé* qui signifie une première fois « nier ». Ce n'est pas une
simple négation mais **« une attitude de refus catégorique à
l'égard d'une perception désagréable de la réalité extérieure »**[2]. Les synonymes de ce mot sont tout aussi évocateurs
de ce refus de « voir » puisqu'ils tournent tous autour du
« désaveu » ou du « démenti » des faits. L'étymologie du mot est
tout aussi intéressante puisqu'il est dérivé du latin *denegare* « nier
fortement, dire non » ou « refuser d'admettre, démentir »[3].

Mais pourquoi un tel refus de voir ? Ce qui n'est pas admissi-
ble, ce qui peut mettre en danger son moi, c'est-à-dire son
équilibre psychologique interne, est refusé par le sujet qui
pourra utiliser le déni pour sauvegarder son intégrité interne
en isolant la réalité externe. Le harcèlement fait peur au sein
de l'entreprise parce qu'il est mal connu. Il pétrifie notamment
ceux qui en sont témoins comme il rend les victimes incapables de réagir.

Est-ce à dire que tout le monde utilise ce mécanisme ? Certainement pas même s'il existe – notamment au niveau des hiérarchies supérieures de l'entreprise – des personnalités qui
auront encore tendance à vivre dans l'illusion constante que
« tout va bien » simplement parce que rien de grave ne leur
est signalé. D'autres raisons moins avouables poussent à ne
pas intervenir.

Certains témoins du harcèlement ont tendance à le sous-estimer, tentant ainsi de dédramatiser la situation (« *Allez, ce n'est
rien* ») plus par méconnaissance du processus lui-même

© Éditions d'Organisation

---

1. Ionescu et al. *Les mécanismes de défense. Théorie et clinique*. Paris. Nathan, 1997.
2. Ionescu et al. op. cit.
3. Dictionnaire Historique de la langue française. Paris. Le Robert, 1992, 1998 pour la seconde
édition.

qu'autre chose. S'il s'agit d'employés, certains les laisseront se débrouiller entre eux, sutout si la situation n'a pas d'incidence sur le fonctionnement de l'entité.

Un manager peut très bien être maintenu dans son poste – alors que chacun est au courant de ses « débordements » – tout simplement parce que ses objectifs sont atteints ou que les actionnaires sont satisfaits des résultats.

Nous avons, toutefois, observé une situation où les événements pouvaient se précipiter : c'est celle où la victime décidait de rendre public son harcèlement en menaçant de communiquer sa situation à l'extérieur de l'entreprise – à un journaliste par exemple – toujours avec le risque d'un licenciement. Il peut également s'agir d'un témoignage à plusieurs, sans passer par la voie hiérarchique « normale » pour avoir plus de chances d'être entendu. Une stratégie que beaucoup hésitent toutefois à franchir de peur de subir des réactions « inamicales » en retour.

Nous avons souvent constaté que, les responsables de l'entreprise, quelle que soit sa taille, étaient au courant du harcèlement subit par un collaborateur. Certains managers nous ont même avoué leur cynisme, tel ce cadre dirigeant :

> *« Quand je reçois dans mon bureau un de mes cadres et que celui-ci n'a pas atteint ses objectifs, je suis obligé de le stimuler un peu plus. Je sais que cela ne lui fait pas plaisir comme je sais pertinemment qu'il engueulera les siens mais moi aussi j'ai des comptes à rendre à mon directeur général et si, moi-même je n'atteins pas mes objectifs je me ferai remonter les bretelles ».*

Certes, « secouer » un peu vivement les membres de son équipe afin de les « stimuler » et sombrer dans une logique de harcèlement n'est pas la même chose, même si la frontière est parfois ténue. Insulter, brimer, menacer constamment ses collaborateurs sur de longues périodes – et y prendre un certain plaisir avec l'intention de détruire ou de soumettre – n'est pas la même chose que « remonter, ponctuellement, les bretelles » de l'un de ses collaborateurs.

La logique économique n'est pas suffisante pour légitimer n'importe quel comportement et si la recherche du profit est légitime en soi, on ne peut accepter certaines méthodes de management qui ressemblent à celles de certains groupes paramilitaires pour « motiver » leur troupes.

Le mécanisme de « soumission à l'autorité »

L'expérience désormais célèbre du psychosociologue américain Stanley Milgram permet de compléter les explications à propos du comportement du harceleur et surtout des témoins qui laissent faire. Cette expérience a été menée au sein du département de psychologie de l'université Yale – pour décrire, ce que l'on a traduit en français, comme étant la « soumission à l'autorité », le terme américain « Obedience » (to authority) signifiant à la fois « soumission » mais également « obéissance »[1]. Cette expérience à d'ailleurs été vulgarisée, auprès du grand public, dans le film de H. Verneuil « I comme Icare » où l'on voit Yves Montand, l'acteur principal de ce film, jouer à son insu le rôle de « l'enseignant » qui envoyait, sous les ordres de l'expérimentateur, des chocs électriques à son « élève » à chaque fois que celui-ci se trompait. Différents auteurs ont déjà traité cette question mais bien souvent de façon incomplète car s'il s'agit d'une expérience de soumission à l'autorité, elle comporte plusieurs modalités qu'il nous semble utile de préciser.

---

1. Milgram S., *Obedience to authority.* Harrper and Row, New-York, 1974.

A la suite d'une annonce parue dans la presse, un certain nombre de candidats se présentent au département de psychologie de l'université Yale pour une expérience, leur dit-on, vérifiant l'impact d'une punition sur l'apprentissage (i.e. l'acte d'apprendre). La personne qui s'est présentée à l'expérience ainsi qu'une autre effectuent un tirage au sort pour identifier quelle est celle qui sera « l'enseignant » et quelle est celle qui sera l'élève. Comme ce tirage au sort est truqué « l'enseignant » sera bien sûr la personne qui s'est présentée tandis que l'autre, qui avait été également présentée comme un candidat, sera « l'élève » (en réalité, il s'agit d'un compère de l'expérimentateur). « L'enseignant » sera chargé d'apprendre une liste de mots appariés à son « élève ». En attendant, celui-ci est conduit dans une autre pièce où il est sanglé à un appareillage où « l'enseignant » lui délivrera des chocs électriques à partir d'un pupitre de contrôle et dont la force variera de 15 volts (choc léger) à 450 volts (choc maximum).

À chaque erreur dans l'apprentissage des mots appariés, « l'enseignant » administre un choc électrique si celui-ci se soumet bien sûr aux injonctions de l'expérimentateur. À chaque fois qu'un choc est donné, des lumières s'allument et une sonnerie retentit. Si au début l'élève ne réagit pas quand on lui envoie un choc électrique, ce n'est plus le cas par la suite. Il commence par se plaindre que les chocs lui font mal et quand on arrive aux forts voltages (135-180 volts), il hurle et demande d'arrêter l'expérience. L'expérimentateur est à côté de « l'enseignant » et lui demande de continuer en lui délivrant quatre types d'injonction variant en fonction de sa résistance[1]. Si « l'enseignant » continue, les hurlements redoublent pour

---

1. « Continuez, je vous en prie », « l'expérience requiert que vous continuiez », « Il est absolument essentiel que vous continuiez » et enfin, dernière injonction, « vous n'avez pas d'autre choix, vous devez continuer ».

se terminer par des cris d'agonie et enfin le silence. Une fois de plus l'expérimentateur demande à l'enseignant de continuer jusqu'à 450 volts.

Bien sûr l'expérience est manipulée : « l'élève » sanglé n'est qu'un compère (un complice de l'expérimentateur) et il ne fait que simuler sa souffrance : aucun choc électrique ne lui est administré.

Au début de l'expérience Milgram avait posé la question aux « enseignants » de savoir jusqu'où ils seraient capables d'aller en termes de chocs électriques. La plupart affirmèrent sans réserve qu'ils auraient stoppé l'expérience – et donc désobéi à l'expérimentateur (c'est-à-dire l'autorité) – dès lors que l'élève aurait fait part de sa première douleur et, surtout bien avant les cris d'agonie. Il posa également la même question à un groupe de psychiatres qui lui donnèrent les mêmes réponses.

Milgram découvrit que 63 % des hommes qui prirent part à l'expérience allèrent jusqu'au voltage maximum (450 volts), obéissant ainsi à l'expérimentateur.

Milgram répéta cette expérience pour faire taire les critiques qui insinuaient que les « élèves » n'avaient peut être pas été suffisamment convaincants et il leur demanda de préciser, pendant qu'on les sanglait, qu'ils souffraient « d'un léger problème cardiaque ». Ils hurlèrent avec encore plus de force.

Cette fois-ci, c'est 65 % des « enseignants » qui allèrent jusqu'à la limite maximale de 450 volts.

Par la suite, les modalités de l'expérience allèrent en se complexifiant. Il s'intéressa, en particulier aux origines sociales des sujets et montra que la proportion qui était susceptible de se soumettre, jusqu'au bout de l'expérience, variait de 0 à 93 % et la soumission était d'autant plus forte que la personne qui donnait l'ordre d'administrer des chocs était proche et reconnue comme une autorité appartenant à une institution prestigieuse (L'université Yale étant considérée comme telle).

Cette expérience est très intéressante car si on transpose les résultats au monde de l'entreprise elle signifie que la plupart des gens placés dans des situations spécifiques sont capables d'aller jusqu'au bout de ce qu'on leur demande. Il suffirait ainsi qu'ils reconnaissent l'institution dans laquelle ils travaillent comme « prestigieuse » – ou qu'ils la perçoivent comme telle – et qu'ils reconnaissent également la personne qui leur donne des ordres comme une autorité digne de respect pour qu'ils aillent jusqu'au bout de leur mission. Mais cette approche ne privilégie qu'un seul aspect alors qu'on peut l'étudier selon trois perspectives rendant la lecture d'un tel phénomène beaucoup plus complexe qu'il n'y paraît.

Certains privilégieront l'importance de la personnalité pour expliquer ces comportements. Cette approche est dite **« dispositionnelle »**. Ainsi toutes les personnes qui seront allées jusqu'au bout de l'expérience seront-elles qualifiées de « sadiques », « d'hyperagressives » voire de racistes. La seconde approche dite **« situationnelle »** mettra l'accent sur le rôle de l'environnement indépendamment de la personnalité. C'est la perspective de Leyens[1] qui explique les résultats de cette expérience uniquement en ces termes faisant reposer sa démonstration sur l'avis des psychiatres qui avaient prédit que seul 1 % des gens en général iraient jusqu'au bout de l'expérience. Enfin la dernière approche – dite **« interactionniste »** – explique le résultat d'un phénomène comme le fruit d'une interaction entre l'environnement (la situation) et la personnalité (la disposition), chacune de ces dimensions ayant une

---

1. Leyens J-F., *Sommes-nous tous des psychologues ?* Liège, Pierre Mardaga Éditeur, 1993.

influence sur l'autre et inversement. Cet « **interactionnisme dynamique** » constitue une approche d'autant plus féconde qu'elle considère le sujet comme un agent actif dans sa relation à l'environnement car, en interprétant la situation à laquelle il est confronté, il peut la modifier en retour (de façon réelle ou perçue)[1]. Il est certain que ceux qui auront une approche dispositionnelle auront très rarement une connaissance suffisante du terrain pour en faire le lien.

Dans le cadre d'une situation de harcèlement, outre les victimes, il faut distinguer trois sortes de personnes : celles qui sont à l'initiative de ce type de comportement – ce sont les agresseurs – celles qui en sont témoins obligés ou passifs et dont certains ne réagiront d'ailleurs pas toujours pour les différentes raisons que nous venons d'évoquer. Enfin, il y a aussi celles qui transmettent la perversité par le biais de la hiérarchie qui est au-dessus d'elles.

Dans la première catégorie, les **agresseurs** sont des **individus souffrant de troubles** plus ou moins graves **de la personnalité** qui trouvent leur expression la plus féconde **au sein d'une entité qui leur permet – implicitement ou non –** de se conduire comme tels.

Dans la seconde catégorie – les témoins – on a affaire à deux types de sujets : ceux qui, socialement, expliqueront leur absence de réaction devant une situation de harcèlement par **peur de perdre leur travail,** parce qu'elles ont des obligations qui les empêchent de partir (un crédit par exemple) ou parce qu'elles n'ont pas envie d'avoir d'ennuis avec leur hiérarchie,

---

1. Une synthèse de ces différentes approches a été effectuée par M. Bruchon-Schweitzer, « Les problèmes d'évaluation de la personnalité aujourd'hui ». *L'orientation scolaire et professionnelle,* 1994, 23, n° 1, 35-57.

etc. Ce sont des exemples souvent cités par tous ceux qui ne sont pas directement victimes d'un harcèlement. Il s'agit souvent d'**employés**, de **personnel non qualifié**, parfois d'**agents de maîtrise.**

Et puis, il y aussi, une autre catégorie de témoins – qui sont **souvent cadres** – qui ne veulent pas réagir pour toutes les raisons que nous avons précédemment évoquées. Si les **motivations à ne pas vouloir intervenir restent liées à l'organisation** et à la réalité de certaines situations personnelles, sont-elles toutefois suffisantes pour expliquer un tel refus ? Ces motivations trop facilement évoquées ne sont-elles pas plutôt à appréhender comme des tentatives de légitimation susceptibles de masquer d'autres motivations (« l'arbre qui cache la forêt » en quelque sorte) ?

En effet, toutes les personnes que nous avons rencontrées et qui avaient été **témoins d'un processus de harcèlement** avaient, non pas un manque de courage ou de lâcheté, mais une **faille dépressive et une fragilité narcissique** en commun.

Nous ne pouvons nous empêcher également de mettre en relation cette incapacité d'agir – toujours chez les témoins – avec les fondements de l'éducation judéo-chrétienne qui transmet l'interdit de réagir devant une autorité ou une situation la symbolisant, avec son corrélât immédiat : la culpabilité s'il nous en venait l'envie. En d'autres termes, la plupart préféreront être les témoins d'un harcèlement et ne pas trop culpabiliser plutôt que de réagir en ayant la crainte de le regretter par la suite.

Dans la troisième catégorie, nous avons affaire non pas à de véritables « pervers » mais à **des personnalités qui sont**, en revanche **capables** de les suivre. Ce sont ceux dont les comportements sont identiques aux « enseignants » de l'expérience de Milgram même si nous n'adoptons pas comme lui l'explication qui voudrait que seule la situation favorise ou non l'obéissance et la soumission à l'autorité. Il n'est guère possible d'ignorer ce qui nous est inculqué – notamment par le biais de l'éducation – et qui forme peu à peu notre personnalité. D'autre part, cette fameuse expérience semble marquée par une idéologie qui voudrait que l'on n'ait pas d'autre choix que d'obéir à l'autorité, cette perspective légitimerait ainsi les comportements déviants et pervers que l'on constate en entreprise.

> *« J'ai dit à mon collaborateur d'atteindre cet objectif à tout prix. Je sais en moi que c'est impossible mais j'y suis obligé car mon propre supérieur me le demande et je n'ai pas envie que ça me retombe dessus. Implicitement, ce n'est donc pas moi qui suis responsable du discours que je tiens vis-à-vis de mon collaborateur mais la situation dans laquelle m'a placé mon supérieur quand il m'a dit la même chose ».*

Le fait que nous intégrions dans notre approche une perspective où la personnalité intervient est double. Elle constitue un éloge de la responsabilité. Ainsi plutôt que de dire : *« Ce n'est pas moi, c'est la situation qui m'a poussé à le faire »*, nous affirmerons que *« certes, la situation (telle que je la perçois) m'y pousse mais je suis suffisamment responsable et humain pour ne pas tomber dans la logique et la croyance qui voudraient qu'en faisant peur à un collaborateur, on améliore son efficacité ».*

Elle est aussi le fruit d'un certain nombre de recherches qui ont montré que **dans des situations extrêmes, la personnalité jouait un rôle majeur et que la « soumission à l'autorité » ne constituait pas un processus inévitable.** Le psychologue suisse F. Rochat à la Convention de l'A.P.A en 1993 avait ainsi présenté le cas du Village français Le Chambon-sur-Lignon[1]. Alors que ses habitants avaient caché

---

1. Rochat F., How did they resist authority ? Protecting refugees in Le Chambon during World War II. Communication présentée à la Convention de l'Association Américaine de Psychologie, 1993.

des juifs qui devaient être déportés, ils eurent le courage de manifester ouvertement leur refus de coopérer avec leur agresseur : les représentants de l'Allemagne nazie. Protestants, on leur avait transmis, par l'éducation et leur culture religieuse, le désir de résister à chaque fois que leur adversaire leur demanderait d'obéir à un ordre contraire à « la loi divine ». Soutenus par leurs idéaux, leur histoire – leurs ancêtres avaient déjà été persécutés – et les relations qu'ils entretenaient les uns avec les autres, ils furent ainsi des insoumis jusqu'à la fin de la guerre[1]. Si la « loi divine » n'est peut-être pas la meilleure solution pour empêcher les phénomènes de harcèlement, il n'en demeure pas moins que l'on avait appris à ces villageois qu'il était possible de résister (à l'autorité !) comme ils avaient compris le rôle de leur entourage proche (« social support »). Différentes expériences ont en effet montré que lorsqu'on était soutenu par ses proches, on était capable de résister à des niveaux de stress beaucoup plus importants que si l'on était seul.

Le mécanisme « d'identification à l'agresseur »

Si nous adoptons une autre grille de lecture qui puisse expliquer pourquoi certaines personnes sont capables d'adopter des comportements de « pervers » – ou tout autre comportement – il nous parait indispensable de faire référence à un mécanisme de défense extrêmement fréquent dans les organisations, un mécanisme qui permet de diminuer l'angoisse née d'un conflit intérieur : « l'identification à l'agresseur ».

---

1. Il est intéressant de noter que dans ce village et son Plateau (c'est-à-dire toute l'enclave) il n'y eu jamais aucune dénonciation (alors que nous étions sous le régime de Vichy). Comme le souligne d'ailleurs G. Bollon l'actuel adjoint au maire, c'est la force de l'esprit et la cohésion qui permirent à ce village et ses communes avoisinantes de résister à l'envahisseur. Soulignons également que l'institut israélien « Yad Vashen » leur a délivré la « médaille des justes collective », fait rarissime, cette distinction étant toujours délivrée à titre individuel.

Pendant la seconde guerre mondiale, dans les camps de concentration nazis, certains détenus – les kapos – étaient chargés de surveiller les prisonniers. Or, il s'avéra que ceux-ci étaient capables de devenir encore plus dangereux que les nazis eux-mêmes. Confronté au danger de perdre la vie ou d'être punis, ils s'identifiaient ainsi à leur agresseur.

Ce type de mécanisme décrit par Anna Freud désigne le fait qu'un sujet « confronté à un danger extérieur – représenté typiquement par une critique émanant d'une autorité – s'identifie à son agresseur :

- soit en reprenant à son compte l'agression telle quelle,
- soit en reprenant ou en imitant physiquement ou moralement la personne de l'agresseur,
- soit en adoptant certains symboles de puissance qui le désignent »[1].

Anna Freud décrit ainsi le cas d'une petite fille qui, ayant peur des fantômes, se met à gesticuler de façon bizzare – un peu comme eux – conseillant à son petit frère de faire comme elle pour de ne plus avoir peur d'eux. Le fait de gesticuler est une manière de s'identifier au fantôme et de ne plus avoir peur de l'objet redouté.

Ce mécanisme de défense est donc révélateur de certains comportements dans l'entreprise mais il ne les légitime pas pour autant et l'exemple que nous venons d'évoquer précédemment – le cas du Village français Le Chambon – constitue l'illustration même qu'un tel processus est loin d'être inévitable. Encore faudrait-il que le sujet en question possède un minimum de valeurs morales, ce qui malheureusement, n'est pas toujours le cas !

© Éditions d'Organisation

---

1. Laplanche J. et Pontalis J.B, *Vocabulaire de la psychanalyse*, P.U.F, Paris, 1984 (8ème édition).

Plus personne ne reconnaît Géraldine W. depuis qu'elle s'identifie à sa responsable

Nous avons connu Géraldine W. bien avant qu'elle ne change de responsable. C'était autrefois une femme tout à fait charmante, appréciée de tous, souriante, authentique et parfaitement intégrée au sein de l'équipe. Depuis l'arrivée de sa responsable, une femme extrêmement rigide et pour le moins acariâtre[1] son comportement a brusquement changé. Elle est subitement devenue plus distante, elle a même commencé à adopter le style de communication de sa nouvelle responsable ce qui l'a d'ailleurs conduit à s'exclure elle-même du groupe, préférant partager les moments d'intimité avec elle. Géraldine vit d'autant mieux cette situation que cette responsable a cru bon de lui confier de nouvelles tâches, ce qui n'a fait qu'accentuer le mécanisme : désormais, elle témoigne son mépris notamment vis-à-vis de tous ceux qu'elle considère comme des subalternes — bien qu'elle n'ait pas changé de statut — en particulier une secrétaire qui souffre énormément de son comportement. Plus personne ne reconnaît la femme qu'elle a été : illustration de ce que peut être une « identification à l'agresseur » quand on a peur et de l'impact d'une responsable dont les troubles du comportement n'ont fait que favoriser le phénomène.

L'éthique.

Nous n'aurions pu achever cette première partie sans faire brièvement référence à l'éthique. Ce mot, devenu à la mode, est bien souvent utilisé sans que l'on en comprenne le sens d'où la nécessité de le définir.

© Éditions d'Organisation

---

1. Que nous avons d'ailleurs eu l'occasion de décrire page 68 (Micheline S.).

Le mot « éthique » est un emprunt savant d'abord comme substantif, au latin impérial *éthica* « morale » lui-même emprunté au grec *êthikon* neutre substantivé de êthikos « qui concerne les mœurs, morale » ; l'adjectif est l'équivalent didactique et littéraire de morale[1]. Les deux termes doivent cependant être distingués.

La morale est *« un ensemble de jugements relatifs au bien et au mal, destinés à diriger la conduite des hommes. Les valeurs morales ont pour fonction d'éclairer l'action »*[2]. Ce qui signifie que les différentes valeurs qui nous sont inculquées, à travers notre éducation et la succession de nos différentes expériences, nous aident à choisir ce qui est bien. Ce bien étant alors un principe qui nous permet d'évaluer ce que nous faisons et d'identifier, en fonction de ce critère, les buts que nous nous fixons dans la vie. Mais l'expérience morale n'est pas toujours heureuse car, inévitablement, on ne peut être certain du bien fondé de ses propres valeurs ni même de la moralité de ses actes.

Devant cette incertitude, s'affirme alors **la nécessité d'une sagesse pratique susceptible d'adapter la loi au contexte.** L'éthique est le nom de cette sagesse. Alors que la morale est abstraite et se veut universelle sans tenir compte de la situation, l'éthique est avant tout *« une pratique ayant pour fin la vie bonne et heureuse »*[3].

L'éthique est donc une morale « appliquée » en fonction de la réalité et du contexte. Quand on parle d'éthique dans l'entreprise, on pourrait donc s'attendre à ce que les salariés bénéficient le plus concrètement possible de ses bienfaits (respect,

---

1. *Dictionnaire Historique de la langue française*. Paris. Le Robert, 1992, 1998 pour la seconde édition.
2. Bihan (Le) C., *Les grands problèmes de l'éthique*, Paris, Seuil, 1997.
3. Bihan (Le) C., op. cit.

reconnaissance, etc.). Mais la mondialisation a favorisé une telle compétitivité que les hommes sont bien souvent oubliés au profit exclusif de l'entreprise (et de ses actionnaires) comme l'ont notamment souligné des experts venus d'horizons pourtant fort différents (politologues, économistes, écologistes, etc.)[1].

La question du harcèlement pose inévitablement des questions de nature éthique et il apparait pour le moins curieux que l'on fasse référence à cette notion quand, dans le même temps, on laisse certaines personnes se faire détruire et qu'on le sait pertinemment.

Nous sommes bien loin de l'impératif catégorique de Kant qui se voulait une règle universelle pouvant s'appliquer à tous : « *Agis toujours de telle sorte que la maxime de ton action puisse être érigée en règle universelle* »[2].

Nous avons aussi observé que plus on fait référence à l'éthique, moins on a tendance à l'appliquer. Notre perception est telle qu'aujourd'hui, nous serons même tenté de défendre l'idée que **la fréquence d'utilisation de ce mot au sein des discours est symptomatique du faible intérêt qu'on lui porte en réalité.** Il ne suffit pas d'en parler – ou de faire des séminaires sur ce thème – pour qu'elle ait une existence en soi. Proposer par exemple, à ses cadres des formations ayant trait à l'éthique (« Éthique et Management », « Éthique et affaires », etc.) est tout à fait significatif de la question – et, en particulier, de la problématique – que cela pose dans l'entreprise. Chacun sait, en effet, qu'il est de plus en plus difficile de concilier « stratégie de développement » et « éthique ».

© Éditions d'Organisation

---

1. Goldsmith E., Mander J., (Sous la direction de –), *Le procès de la mondialisation*, Paris, Fayard, 2001.
2. Kant E., Critique de la raison pratique (1788). Nous avons volontairement choisi Kant car sa méthode (critique) présente l'énorme avantage de remonter de la connaissance aux conditions qui la rendent éventuellement légitime.

Deuxième partie

Agir

Cette série de conseils met l'accent
sur l'importance de la prévention
mais aussi de la gestion du
harcèlement. Ils aideront
la victime à se défendre
comme ils permettront
aux dirigeants de
le neutraliser.

5 COMMENT ORGANISER LA PRÉVENTION AU SEIN DE L'ENTREPRISE ?

S'IL INCOMBE À L'ENTREPRISE – et, en particulier, à ses responsables – d'intervenir pour éviter tout processus de harcèlement, force est de constater, qu'aujourd'hui, cette question ne semble pas être une préoccupation majeure. C'est pour cette raison que nous défendrons l'idée, dans le chapitre consacré à ce thème, qu'il est indispensable que la victime puisse gérer elle-même ce type de situation. Nous nous inscrirons ainsi dans une dynamique à la fois active et volontariste. Cette implication de la victime – dans son désir de se prémunir ou de gérer un harcèlement – pourra être associée, comme nous le verrons, à un accompagnement par quelques spécialistes extérieurs à l'entreprise. L'objectif sous-jacent sera en effet, de soutenir « moralement » le sujet pour qu'il puisse trouver en lui suffisamment de force et de courage pour pouvoir réagir de façon efficace.

Cette priorité donnée à la gestion du harcèlement par la victime elle-même ne constitue pas un hasard. C'est à la fois le laxisme organisationnel, que nous avons maintes et maintes fois constaté, associé à ce que nous appelons une « philosophie de l'immobilisme » qui expliquent, en effet, notre prise de position.

Paradoxalement, notre analyse ne doit pas laisser supposer que la situation, au sein de l'entreprise, est désespérée. Tout dépendra, en effet, du courage et de la volonté de chacun – en particulier des dirigeants – et de leur véritable désir de faire évoluer cette question en trouvant des solutions adéquates c'est-à-dire à la fois concrètes et pertinentes.

Jusqu'ici la plupart des solutions proposées par ceux qui se sont intéressés au harcèlement souffrent d'une insuffisance majeure : celle de ne pouvoir être appliquées à l'entreprise telle qu'elle fonctionne actuellement. Ainsi certains parlent d'une coopération à construire entre psychologues, médecins du travail et CHSCT[1]. Ils oublient qu'avant de coopérer il faut avoir l'occasion de se rencontrer, de se parler, de s'écouter et de se comprendre (ce qui est loin d'être le cas pour des questions de pouvoir et de compétences). Quand d'autres évoquent la nécessité de construire des « lieux d'écoute, de débat et de réflexion » au sein des entreprises, sans doute n'ont-ils jamais franchi les portes d'une société car ils auraient très rapidement découvert que, même quand tout se passe bien à l'intérieur de l'organisation, ce n'est pas une parole authentique qui est véhiculée.

Il n'y qu'à prendre l'exemple des réunions : quel que soit le niveau hiérarchique, qui oserait prétendre qu'il est capable de dire véritablement ce qu'il pense ? La peur de subir des représailles ou d'avoir des ennuis par la suite rend la majorité des gens silencieux.

---

1. Comité d'hygiène, de sécurité et de conditions de travail.

Quant à cette idée qui voudrait que la formation – telle qu'elle est faite aujourd'hui à l'intérieur des entreprises – puisse résoudre la question du harcèlement, elle constitue un paradoxe : il semble difficile de sensibiliser les cadres à la problématique du harcèlement en entreprise quand dans le même temps on les fait bénéficier de formations qui justement favorisent le phénomène en question. Chacun sait qu'il existe, en effet, nombre de séminaires aux titres pompeux – « Savoir motiver son personnel » – dont le contenu repose bien souvent sur des techniques de manipulation.

Mais rien n'est irréversible et avant de trouver des solutions – ou des ébauches de solution – et de vouloir tenter de les appliquer à l'entreprise, il paraît indispensable de commencer par aborder la question sous son angle éthique.

> ## *A défaut d'une impossible « éthique de la conviction », au moins « une éthique de la responsabilité ».*

Depuis quelques années, on parle beaucoup d'éthique dans l'entreprise. C'est une valeur en hausse ce qui est excellent en soi. Encore faut-il que les dispositions ou les principes qu'elle est censée défendre **s'actualisent concrètement,** non pas quand tout va bien, mais **justement à l'occasion d'une crise.** Le harcèlement constitue donc une magnifique opportunité pour prouver la véracité de ce que l'on affirme. Il y a, en effet, une différence entre celui qui dit : « *J'ai un profond respect pour mes collaborateurs* » et qui le montre concrètement – sans d'ailleurs nécessairement le dire – et celui qui énonce le même postulat tout en prouvant le contraire dans ses relations avec autrui. C'est uniquement dans l'action – et dans des situations de crise – que l'Éthique à laquelle on fait référence pourra effectivement se parer des habits de la vertu et certainement pas avant.

Le sociologue allemand Max Weber opérait une distinction idéal-typique entre « *l'éthique de la responsabilité* » et « *l'éthique de la conviction* »[1]. Dans la première, il considérait que l'homme demeurait le comptable du résultat de son action (« *j'ai choisi de lutter contre le harcèlement et je suis responsable des décisions que je prends et des implications de celle-ci* »). Dans « *l'éthique de conviction* », il démontrait également que l'homme était capable d'agir uniquement par fidélité à des principes sans tenir compte des conséquences que pouvait entraîner l'acte en soi (« *J'ai décidé de lutter contre le harcèlement que je juge intolérable et qu'importent les conséquences que cela pourra entraîner* »).

De la responsabilité du chef d'entreprise et de l'importance de « nommer » les choses.

Les responsabilités d'un chef d'entreprise – ou de ses représentants – sont telles qu'il est pratiquement impossible qu'il puisse s'inscrire dans une « *éthique de la conviction* ». Il est, en effet, dans l'obligation de tenir compte de la réalité de son environnement et d'assumer les conséquences de ses décisions. En revanche il peut s'inscrire dans une « *éthique de la responsabilité* » notamment dans le cas du harcèlement.

© Éditions d'Organisation

---

1. Weber M., *Le savant et le politique*, Paris, Presses Pocket, 1974.

En effet, quand rien n'est fait au sein de la société pour le neutraliser, la plupart des collaborateurs critiqueront (en silence !) l'incapacité à agir de l'équipe dirigeante (« *ils sont tous au courant mais ils ne veulent rien faire* »). Ainsi l'immense majorité des collaborateurs sera persuadée que le chef d'entreprise ou ses représentants – par leur silence ou leur laxisme – légitiment ces agissements ou sont même complices. Devant un tel constat – qu'il soit d'ailleurs fondé ou non – le chef d'entreprise et ses représentants n'ont pas d'autre choix que d'agir concrètement dans une **logique d'exemplarité**. Il y va de leur crédibilité mais aussi de l'éthique dont ils sont, théoriquement, les dépositaires.

La lutte contre le harcèlement au travail doit donc trouver sa source essentiellement au sommet de la hiérarchie de l'entreprise. Dans les organisations pyramidales, c'est essentiel. **C'est en effet à partir de la volonté du dirigeant – de son courage aussi – mais surtout de l'ensemble des décisions qui seront prises par lui et son équipe, que l'on pourra lutter efficacement contre le harcèlement.** Chacun sait que les décisions prises au sommet de la hiérarchie descendent toujours plus facilement vers la base et qu'elles ont d'autant plus d'impact qu'elles sont légitimées par l'autorité dépositaire de la loi : on est toujours plus attentif à une circulaire qui émane de son patron – notamment quand il est au sommet de la hiérarchie – que d'un collègue ou d'un subalterne. On est également toujours plus motivé pour en suivre les consignes.

Cependant, pour que le responsable de l'entreprise prenne conscience qu'il n'a pas d'autre choix que d'agir, encore faut-il que toutes les strates hiérarchiques ne soient pas réticentes – comme c'est souvent le cas – pour lui faire remonter l'information. Dans l'entreprise, il y a, en effet, un nombre impressionnant de collaborateurs qui pensent, en toute honnêteté, qu'il n'est pas nécessaire de faire remonter la question du harcèlement au sommet, tout simplement parce qu'ils sont convaincus que d'autres personnes l'ont déjà fait avant eux. Or, si chaque collaborateur pense de la même façon, il y a peu de chance pour que l'information aboutisse à son destinataire !

Il y a une différence fondamentale entre « penser que l'autre sait » et donc ne pas le dire explicitement et décrire le phénomène en l'énonçant avec des mots. Cela signifie-t-il pour autant que le responsable de l'entreprise ne sait rien ? Il y a peu de chances pour que cela soit le cas mais le point sur lequel nous souhaiterions insister, c'est que **décrire ce qui se passe avec des mots** (« *Monsieur le Président, nous avons des problèmes de harcèlement au sein de notre entreprise* ») **a toujours beaucoup plus d'impact car ce qui était « rumeur » ou « bruit de couloir » devient subitement réalité** : avant le responsable était dans l'expectative quand il entendait que telle personne harcelait telle autre, maintenant, il en est certain tout simplement parce que l'un de ses collaborateurs a eu le courage d'expliciter et de **nommer** ce que les autres n'osaient pas dire.

De la nécessité de franchir deux barrières mentales.

Que le sommet de l'entreprise ait été explicitement informé d'un harcèlement n'est pas encore suffisant pour que le dirigeant de la société fasse immédiatement le nécessaire. Il lui faudra, en effet, franchir deux obstacles : l'un psychologique, l'autre économique.

D'abord il devra vaincre le déni, ou en d'autres termes il devra apprendre à ne plus se voiler la face : « *le harcèlement ça n'existe pas chez nous mais chez l'autre* ». Le témoignage concret des collaborateurs qui auront eu le courage de lui en parler devra progressivement l'aider à dépasser cette phase.

Ensuite, il devra agir et, surtout aller jusqu'au bout de sa logique. Il s'agit sans doute de la barrière la plus difficile à franchir. S'il met en place – avec l'aide de son équipe – une politique de lutte contre le harcèlement, sera-t-il suffisamment courageux pour éliminer tous ceux qui adoptent ce type de comportement notamment quand ils participent de façon concrète au développement économique de leur structure ? En d'autres termes, une personne réputée compétente et alignant d'excellents résultats mais terrorisant ses collaborateurs, sera-t-elle évincée ou simplement déplacée. Bien souvent, la logique économique constituera un frein à l'action du dirigeant.

Dans le cas ou la personne est « déplacée » c'est-à-dire gardée au sein de l'entreprise mais à un autre poste – ou à un endroit différent – peut-on encore parler « d'éthique de la responsabilité » ? La réponse est bien sûr négative car en faisant croire que la situation a été réglée, il continuera d'obéir à une éthique qui aura l'apparence d'une ruse sociale. Le problème du harcèlement ne sera donc pas réglé mais simplement déplacé.

C'est uniquement quand le dirigeant a dépassé ces deux barrières qu'il est prêt à agir. C'est à ce moment-là qu'il est capable d'insuffler à son équipe la force nécessaire pour ébaucher des pistes de réflexion qui puissent déboucher sur des solutions capables d'endiguer la question du harcèlement.

> ## *Le harcèlement est un phénomène suffisamment grave pour que l'on puisse en parler en haut lieu.*

Beaucoup de collaborateurs – non cadres – estiment que la question du harcèlement devrait, théoriquement, être traitée par leur responsable hiérarchique direct. Il est vrai qu'il est inconcevable de solliciter le sommet de la hiérarchie pour des questions qui peuvent être résolues au niveau où elles se produisent : on n'importune pas un directeur général pour un problème de photocopieuse ou un conflit ponctuel entre deux personnes et c'est bien au responsable hiérarchique d'intervenir. Mais, dans le cas du harcèlement, très rares sont les responsables hiérarchiques qui interviennent.

- Il y a ceux qui avoueront, tout simplement, qu'ils ne savent pas comment réagir. Pourquoi alors n'en parleraient-ils pas à leur propre supérieur, qui à son tour ferait remonter l'information jusqu'au sommet de la hiérarchie ? La réponse est assez simple : ils ont peur d'être jugés par leur supérieur comme incapables de gérer les situations dont ils ont la responsabilité. Cette crainte d'être perçu comme quelqu'un d'incompétent, notamment quand on a un statut de cadre, est d'autant plus forte qu'elle s'accompagne d'un fantasme : celui d'avoir des ennuis pour avoir fait remonter ces informations. Si cette peur concerne toutes les strates hiérarchiques de la société, comme c'est souvent le cas, il est alors impossible que l'équipe dirigeante puisse être mise au courant, ou pour être plus juste, trouve la confirmation de ce, qu'en réalité, elle sait déjà.

- Certains managers considéreront également qu'il n'est pas utile d'intervenir car, selon eux, les incidences sur le fonctionnement de leur service resteraient mineures. Ils sont eux aussi dans un processus de déni.
- Enfin, il y aura ceux qui auront initié le harcèlement – par des méthodes de management un peu « musclées » – et qui l'auront, en quelque sorte, « délégué ». Ils pourront observer les conséquences de leur comportement en « oubliant », pour les plus cyniques d'entre-eux, qu'ils en sont à l'origine.

Il va de soi, que dans tous les cas présentés, le manager est complice de l'agresseur. Par son silence et son refus d'intervenir, il ne fera que stigmatiser la victime encore plus, montrant à tout un chacun l'impunité dont jouit l'agresseur.

Mais s'il existe une différence de taille entre les désagréments mineurs – auxquels sont confrontés chaque jour la plupart des salariés – et le harcèlement, encore faut-il, pour qu'il puisse intervenir, que le manager soit en mesure d'en identifier les prémisses et qu'il ne soit pas dominé par le déni. Certains ont en effet tendance à ne pas vouloir voir ce qui arrive dans leur entreprise ou leur service : cela ne se produit pas par hasard mais très souvent quand la situation – le harcèlement – est trop difficile à appréhender. Cela s'entend dans les discours de certains managers qui parlent du harcèlement d'un collaborateur dans un autre service et qui sont totalement incapables de voir ceux qui se produisent dans le leur. Ce déni conduit à une sous-estimation de la situation (« *Non, ce n'est pas un harcèlement, c'est juste un simple conflit* ») et le refus d'agir s'explique bien par l'espoir que cette situation puisse trouver spontanément, une issue favorable : « *Ça finira bien par passer* ».

Des propositions pour lutter contre le harcèlement peuvent figurer dans le règlement intérieur ou le code de déontologie de la société.

Pour que le harcèlement puisse être évoqué sans crainte et traité, il est de la responsabilité du chef d'entreprise – pour qu'il puisse lui même intervenir à partir de faits et non plus de rumeurs – d'adopter une stratégie permettant à chacun d'agir ou de faire remonter l'information. Ainsi pourra-t-il énoncer un ensemble de propositions concrètes – qu'il serait d'ailleurs judicieux d'inscrire dans le règlement intérieur – qui, rappelons-le, est obligatoirement soumis à l'inspection du travail – ou le code de déontologie de l'entreprise (s'il existe).

Le détail de ces propositions pourrait être le suivant :

A l'attention de l'ensemble du personnel de la société
• *Toutes les personnes qui sont les témoins où les victimes d'un harcèlement doivent nécessairement en parler à leur manager (s'ils sont des collaborateurs) ou directement à leur supérieur hiérarchique (s'ils sont eux-mêmes managers). Les personnes ainsi informées par eux auront l'obligation d'analyser la situation et d'agir le plus rapidement possible en connaissance de cause, de façon à neutraliser le processus.* • *S'il s'avérait que le manager, témoin ou informé d'un processus de harcèlement au sein de son équipe, ne se sentait pas compétent pour gérer cette situation, il devra impérativement en référer à son supérieur afin que celui-ci puisse l'aider, voire directement au chef d'entreprise ou à son représentant. Dans tous les cas, le responsable de l'entreprise devra être averti de la situation et de la suite donnée.*

© Éditions d'Organisation

.../...

...../.....

- S'il s'avérait que le comportement d'un manager s'inscrivait dans un processus de harcèlement, chaque collaborateur – qu'il soit cadre ou non cadre – pourra directement en référer au responsable hiérarchique de ce manager, ou directement au chef d'entreprise (ou son représentant). La notion de « voie hiérarchique » s'effacerait devant la gravité des faits.

Concernant les harceleurs

- En fonction de la gravité et de la durée du harcèlement, le harceleur – quelle que soit sa position et son statut dans la hiérarchie – pourra être immédiatement licencié pour faute lourde.

- S'il s'avérait que le harceleur avait été poussé indirectement par une autre personne, les conséquences seraient identiques pour cette dernière. En revanche, le harceleur (« par procuration ») pourra, en fonction de son comportement ultérieur, rester au sein de l'entreprise mais il changera obligatoirement de poste. Il restera toutefois sous observation pendant une période d'une année.

- Toute récidive de sa part conduira à un licenciement immédiat.

- Enfin, chaque personne sera écoutée – qu'elle soit seule ou accompagnée – et elle pourra prendre rendez-vous sur la ligne directe de son interlocuteur sans que celui-ci puisse refuser.

Déontologie (protection des témoins et des victimes)

- Dans tous les cas de figure, les collaborateurs cadres ou non cadres ne subiront, par la suite, aucune pression de qui que ce soit au sein de la société, ni à un niveau professionnel, ni à un niveau personnel. Si tel était le cas, le chef d'entreprise déciderait de prendre immédiatement les mesures qui s'imposent.

...../.....

.../...

- *L'anonymat sera également conservé pour tous les collaborateurs qui auront été dans l'obligation de ne pas passer par la voie hiérarchique.*

- *Tous les cas de harcèlement devront être transmis au responsable de la société et ce, même s'ils sont traités au sein même du service où ils se sont produits.*

Il est facile de comprendre pourquoi de telles propositions ne peuvent venir que du sommet de l'entreprise. Certaines d'entre elles, peuvent paraître un peu excessives mais le comportement du harceleur, qui peut aller jusqu'à détruire sa victime, n'est-il pas aussi lui aussi excessif ? Nous avons entendu de nombreuses personnes plaindre l'agresseur – qui avait finalement été « remercié » par son employeur – invoquant souvent sa situation personnelle : « *il est marié* », « *il a des enfants* », etc., allant même jusqu'à lui trouver des circonstances atténuantes : « *il n'avait pas d'autre choix* ». Curieusement rares sont ceux qui pensaient à la victime et à ce qu'elle avait enduré...

Il est donc de la responsabilité du dirigeant de l'entreprise de tout mettre en œuvre pour éviter ce type de comportement et seules des propositions concrètes et écrites – comme celles que nous venons de suggérer – peuvent donner à réfléchir non seulement aux harceleurs mais aussi à tous ceux qui seraient tentés de l'être. Elles présentent aussi un avantage majeur : *celui d'être explicitement nommées.* Comme le soulignait le psychiatre Christophe Dejours, « *le processus (de harcèlement) n'a rien d'inexorable. Il dépend de la volonté et du courage de refuser* »[1] auquel nous ajouterons : « et seul le responsable de l'entreprise est en mesure de le démontrer par des faits ».

---

1. Dejours, C. (10 Avril 2001), Désolation et harcèlement moral, *Le Monde Économie*.

Réussir à sortir des théories implicites issues du management.

La lutte contre le harcèlement fait partie du management et il y aurait beaucoup à dire sur les pratiques managériales en entreprise. Notre objectif sera uniquement de mettre en avant leurs principales limites avec leurs répercussions sur le traitement du harcèlement.

Tout d'abord, un premier constat : la majorité des théories managériales des années passées ont échoué, ou se trouvent dans une telle impasse qu'elles sont devenues pour ainsi dire inapplicables. **Toutes ces théories partagent un certain nombre d'insuffisances dont la plus saillante est de n'avoir pas su placer l'homme au centre de l'organisation et de l'avoir considéré comme une charge, plutôt que comme un véritable investissement.**

A titre d'exemple, citons le *downsizing*, l'un des maîtres mots de la philosophie managériale américaine dans les années 80 et qui consistait à rendre « *lean and mean* » (*maigres et méchantes* !) les entreprises en réduisant de manière drastique le nombre de leurs collaborateurs. L'objectif était de « débureaucratiser » les organisations en éliminant d'abord les employés (les cadres estimaient que c'était une bonne idée !) puis les cadres eux-mêmes (qui ne pensaient plus du tout la même chose !), « philosophie » exportée en France sous le terme poétique de « *dégraissage* ». Si cette façon de procéder était applicable aux États-Unis – les Américains sont relativement « habitués » à ce genre de pratique – pouvait-on pour autant l'exporter en France sans tenir compte justement du fossé culturel qui séparait ces deux pays ?

La seconde faiblesse concerne l'origine de ces théories élaborées généralement aux États-Unis – le plus souvent par des professeurs de faculté, consultants à leurs heures –, parfois dans des pays dont la culture est encore plus différente que la nôtre comme le Japon avec ses fameux « cercles de qualité ». Une fois exportées en France, elles furent notamment pour des raisons culturelles, de véritables échecs.

Enfin, et ce n'est pas la moindre des faiblesses, il ne faut pas oublier que tous les discours et toutes les théories portent sur les grandes entreprises alors qu'en France, comme le rappelle Michel Bauer, 99 % des structures ont moins de 500 salariés[1].

La majorité des méthodes de management utilisées en France sont donc issues des États-Unis – et même si certaines d'entre elles ont changé de nom lors de leur traduction – il n'en demeure pas moins qu'elles ont, pour ainsi dire, conservé toute leur philosophie d'origine. La plupart ont été élaborées dans les années 80 – c'est le cas, par exemple du « management participatif » – parfois un peu plus tôt, dans les années 50 comme le « management by objectives » (MBO) de P. Drucker repris en France une dizaine d'années plus tard, par Octave Gélinier sous le terme de « Direction par Objectif » auquel il ajoutera la dimension participative (DPPO). Mais il existe aussi d'autres méthodes parmi lesquelles on peut citer à titre d'illustration : *l'Empowerment* – traduit en français par le terme de « subsidiarité » – le *Reengineering,* conçu dans les années 90, dans l'esprit des démarches qualité. Devant l'importance de la littérature, on peut s'étonner qu'aucun théoricien du management n'ait eu l'idée de se pencher sur la question de la violence en entreprise. L'homme était une fois de plus oublié.

© Éditions d'Organisation

---

1. Bauer M., (1999) « PME, un patronat aux trois visages » *in* Les organisations, État des savoirs, Auxerre, Éditions Sciences Humaines, 173-178.

Si certaines méthodes de gestion des hommes contribuaient à la détérioration mentale et physique des salariés – comme le Taylorisme au tournant du siècle dernier – les nouvelles théories du management n'ont guère profondément changé les choses. Le Taylorisme est un peu à part car il a été à l'origine du développement considérable de la production, en particulier, dans le secteur industriel et de masse (automobile, textile, etc.) mais si certains glorifiaient cette nouvelle forme d'organisation scientifique du travail (OST) on en découvrit rapidement les conséquences telles qu'elles ont été mises en scène dans le fameux film de Charlie Chaplin « Les temps modernes » où il dénonçait la condition de ces hommes condamnés à un travail répétitif et aliénant. Les conséquences de cette fragmentation des activités furent diverses chez les ouvriers spécialisés : baisse de la motivation, augmentation de l'absentéisme et des maladies mais aussi taux de défauts relativement importants.

Aujourd'hui, les nouvelles théories du management prétendent donner à l'homme une place plus centrale mais finalement, dans la réalité, est-ce vraiment le cas ? Ce que nous observons nous montre, en effet, qu'une fois de plus une grande majorité d'entre elles ne semble pas avoir réussi à donner à l'homme l'importance et l'autonomie qu'il aurait dû logiquement avoir.

Elles ont, en revanche, favorisé l'émergence de dérives nouvelles, beaucoup plus subtiles à identifier et, par conséquent, beaucoup plus perverses. Certes, on découvre aujourd'hui les conséquences dramatiques de la performance avec la mort subite du cadre nippon par épuisement au travail (le Karoshi) et, chez nous, le « Burnt out » mais aussi l'augmentation conséquente du nombre de suicides chez les cadres, mais le fait de médiatiser ces cas extrêmes n'a-t-il pas eu pour conséquence de banaliser les autres souffrances ? Une souffrance sourde qui ne s'exprime pas nécessairement avec des mots mais dont les conséquences sont, pourtant, facilement identifiables dès lors que l'on s'en donne la peine (niveau de turn-over dans une société ou un service, taux d'absentéisme et ses causes, nombre d'accidents, etc.).

Les insuffisances de toutes ces théories concernent la confiance que l'on peut témoigner au collaborateur et par conséquent, les libertés qu'on peut lui laisser en lui confiant des responsabilités. En France comme dans d'autres pays, s'il existe des théories séduisantes sur l'autonomie et l'épanouissement du salarié, elles sont parasitées par des paramètres que l'on pourrait qualifier de « culturels ».

Dans les cercles de qualité, l'objectif était de mobiliser l' intelligence et la créativité des collaborateurs en vue de l'amélioration de la qualité et de la rentabilité de l'entreprise. Force est de constater, qu'il existe en France une véritable distinction entre les cadres ou les diplômés et les autres collaborateurs et il n'y a qu'à observer une banale réunion de service pour constater combien il est difficile pour un manager de se remettre en cause. Toute se passe comme si les « bonnes idées » ne pouvaient être issues que des élites que sont les cadres et sans doute, n'est-ce pas un hasard si les « boites à idées » fonctionnent aussi mal dans notre pays contrairement à ce qui se passe dans d'autres (comme le Japon, les États-Unis, la Norvège, etc.).

Il faut également admettre qu'en France, on n'aime guère la créativité – notamment quand elle émane des collaborateurs de base – et on préfère se raccrocher – sans doute pour se rassurer – à des théories personnelles – bien souvent tirées de l'expérience – et dont les résultats sont discutables.

Ces théories sont dites « implicites » et constituent un ensemble de croyances supposées aller de soi mais dont la pertinence n'est jamais vérifiée. Si un cadre défend l'idée « *qu'un bon manager est un homme qui est forcément craint et dont on ne conteste pas l'autorité* », « *qu'il doit savoir diviser pour mieux régner* » ou « *que pour communiquer avec son équipe, il est forcément obligé d'utiliser la manipulation* », il utilise quelques-unes de ces théories.

Si elles sont mises en pratique, elles pourront déboucher sur tout un ensemble de comportements qui conduiront les collaborateurs les plus robustes à la démission, au changement de service, etc. Depuis plus de 20 ans, on sait que le management fondé sur l'autorité, la manipulation ou la terreur fonctionne parfaitement **mais uniquement sur des périodes extrêmement courtes.** Si certaines entreprises autorisent implicitement ces pratiques, c'est uniquement parce qu'elles sont dans l'incapacité d'en quantifier financièrement et objectivement les conséquences. Le coût en est pourtant très élevé : turn-over élevé, arrêts maladie, troubles de la concentration et de la mémoire, baisse de la motivation, etc., pour ne citer que des exemples relativement courants.

Il existe ainsi au sein des organisations une quantité impressionnante de théories implicites du management qui conduiront à tout un ensemble de comportements qui feront qu'un banal conflit pourra évoluer très rapidement vers un harcèlement.

« *Le management à la française* » *et ses conséquences.*

Il existe aussi un autre phénomène, rarement évoqué, qui résulte non seulement des « théories implicites » mais aussi de la structure – bien souvent pyramidale – de la plupart des sociétés. Ainsi quand un manager, ou un patron de PME, décide de fixer des objectifs un peu trop ambitieux et qu'il les communique à son équipe, il peut le faire de différentes façons. De manière autoritaire : « *c'est comme ça et vous n'avez rien à dire* ». Il n'est pas difficile d'imaginer comment l'information sera délivrée ensuite aux autres collaborateurs. Il pourra également expliquer qu'il comprend tout à fait l'inquiétude de ses collaborateurs, donnera même la parole à certains d'entre eux mais il aura toujours le dernier mot (« management participatif à la française »).

Enfin, s'il utilise les dernières méthodes de management – dont personne ne sera dupe – il donnera la parole à tous les membres de son équipe, les laissera librement s'exprimer – ira même jusqu'à les remercier de l'avoir fait – et leur confiera, enfin, avoir été extrêmement attentif à leurs différentes positions. Tout le monde découvrira par la suite que ce magnifique et très démocratique échange n'aura malheureusement rien changé dans le fond.

« *De toute façon, me confiait dernièrement un cadre supérieur, je sais que ce que l'on me demande est quasiment impossible à réaliser mais je connais mon patron, il n'apprécierait pas que je puisse remettre en cause sa stratégie. Ça sera à moi de faire le nécessaire pour « motiver » mes collaborateurs. Je sais que certains de mes cadres – qui ont aussi leurs objectifs – vont être un peu plus virulents auprès de leurs collaborateurs mais je vais être cynique, c'est une question qui ne me concerne pas* ».

Tout dépendra donc de la capacité de résistance du cadre à supporter le stress de son supérieur – ou de son patron – et de son aptitude également à ne pas le transmettre à ses collaborateurs. Mais aujourd'hui la pression est telle que même les plus résistants finissent par utiliser des méthodes de manipulation dont ils affirmaient pourtant, il y a peu, que jamais ils ne s'en serviraient. C'est ici que se pose également la question des formations que reçoivent les cadres non seulement à l'université et au sein des écoles de commerce mais aussi à l'intérieur des entreprises où ils exercent.

La question de la formation.

Un enquête menée en 1993 à propos des MBA[1] – le nec plus ultra, dit-on en matière de formation au management – a fait apparaître de nombreuses critiques. Notamment, douze dirigeants des plus grandes entreprises de la région du Québec (amenés à se prononcer dans le cadre d'une évaluation en profondeur du MBA de l'université du Québec à Montréal) ont déploré, « *entre autres, l'égocentrisme et l'esprit de compétition d'un grand nombre de diplômés en management à un moment où les entreprises ont surtout besoin de personnes réalistes sur elles-mêmes et en mesure de collaborer avec les autres membres de l'équipe* »[2]. L'analyse n'est pas tendre mais serait-ce une exagération que de l'extrapoler – comme le pensent la plupart des chefs d'entreprise que nous rencontrons – à l'ensemble des écoles formant les managers actuels ?

---

1. MBA : Master of Business Administration (équivalent à un troisième cycle de gestion, en France)
2. Lamoureux C.(1993), « Psychologie organisationnelle et nouveaux paradigmes de gestion » *in* Travail, vers un nouveau modèle de management ? Psychology Europe, Science and Profession, n° 4, Vol. II, 29-36, Marseille, Hommes et Perspectives.

Quant aux formations des dirigeants en interne, et ce n'est un secret pour personne, les limites en sont telles que l'on peut se demander pourquoi ils continuent à en bénéficier, du moins dans leur forme et dans leur contenu actuels. Si la faute en revient principalement aux consultants externes dont la spécificité est d'enseigner, en priorité, des méthodes de management reposant essentiellement sur des techniques de manipulation, on oublie que ces derniers ont été choisis par les responsables de la société qui les emploient. Il y a donc une **complicité évidente** comme le souligne d'ailleurs C. Dejours quand il parle de ces fameuses méthodes « de motivation du personnel ». Et l'exemple que nous donnions page 112 en est une illustration parmi d'autres.

Ces différents constats nous amènent à présenter, à l'attention des responsables d'entreprise et des décideurs, un certain nombre de suggestions :

Le choix des consultants et formateurs en management

- *Choisissez-les en fonction de leurs valeurs morales[1] – qui s'entendent dans leurs discours sans qu'ils les explicitent pour autant – et non pas en fonction de la notoriété de leur cabinet ou du montant de leurs honoraires (avec la fameuse théorie implicite qui voudrait que si ces derniers sont élevés, c'est qu'ils ont de hautes compétences en la matière et que « ça marche »),*

- *Demandez à voir concrètement quels sont les documents qu'ils remettent aux différents participants pour identifier quels sont les principaux messages délivrés. A la fin de la prestation, demandez aux participants de faire une synthèse des idées-clefs qu'ils ont retenues (il arrive qu'il y ait, en effet, des distorsions entre ce qui est dit, ce qui présenté oralement et enfin ce qui est remis).*

.../...

---

1. Bien que ce conseil soit subjectif d'une certaine façon, on peut considérer – avec toutes les limites que notre position suppose – que les valeurs morales sont celles qui semblent inapplicables de prime abord mais que l'on considère, toutefois, comme excellentes en elles-mêmes.

...*/*...

- *Demandez-leur quelles sont les principales théories qu'ils utilisent, quelle en est l'origine ? Demandez-leur également de vous préciser quelles sont les méthodes dont ils se servent et s'ils ont été formés à celles-ci.*

- *S'ils utilisent dans leur discours une perspective sociologique, veuillez à ce qu'ils soient sociologues de formation, si leur discours emprunte une perspective psychologique, veillez également à ce qu'ils soient psychologues de formation et dans tous les cas qu'ils soient réellement et au moins diplômés de 3ème cycle !*

- *Ne soyez pas impressionné par les belles plaquettes qui ne sont que du marketing, ni par les noms des clients (chez lesquels ils ne sont peut-être intervenus qu'une fois !).*

- *Fuyez tous ceux qui prétendent avoir la méthode de management miracle – elle n'existe pas ! – ou qui utilisent les méthodes qui fleurent la manipulation mentale comme la PNL ou Programmation Neuro-Linguistique – certains d'entre eux entretiennent des liens avec des sectes et les utilisent pour pénétrer dans les entreprises.*

  Ces quelques suggestions vous éviteront de faire rentrer dans votre société des personnages peu recommandables dont certains appartiennent à des sectes. C'est un phénomène qui est loin d'être rare avec toutes les conséquences que l'on peut imaginer non seulement pour le manager mais aussi pour l'image de la société.

Le positionnement par rapport aux théories implicites

- *Un collaborateur n'est jamais dupe des techniques de manipulation que l'on utilise à son égard. Il serait donc tout à fait judicieux que vous les supprimiez de vos stratégies de communication. L'authenticité de votre discours et votre sincérité seront reconnus, et votre image valorisée.*

- *Privilégiez les vertus de la discussion et de la vraie négociation : quel que soit l'échange, il vaut mieux utiliser les ressources de chacun, même si vous êtes en position de force.*

...*/*...

.../...

- *N'utilisez jamais votre statut hiérarchique pour défendre vos idées : un argument de pouvoir n'a aucune valeur (quel que soit votre niveau hiérarchique).*

- *Sortez des théories qui voudraient que le niveau de compétence soit corrélé avec le diplôme ou le niveau du poste (il y a bon nombre d'exceptions qu'il serait judicieux de reconnaître !).*

- *Si vous êtes cadre supérieur ou dirigeant et que vous décidez d'aller rendre visite à vos collaborateurs sur des sites extérieurs à votre structure, allez les saluer à l'improviste et rencontrez vos cadres mais aussi ceux qui travaillent pour eux.*

- *Demandez-vous pourquoi tout va toujours aussi bien dans votre société : si vous n'avez que de bonnes nouvelles avec vos cadres, interrogez donc leurs collaborateurs.*

- *Si un comportement de harcèlement a commencé, ne soyez pas tenté d'adhérer à la croyance qui voudrait que celui-ci s'arrête spontanément, il est de votre responsabilité d'intervenir.*

- *Utilisez une méthode de management fondée sur le pragmatisme, c'est-à-dire adaptée aux hommes, à l'activité et à la culture de votre société. Ce type d'approche donne toujours de meilleurs résultats que des théories généralement trop éloignées de votre réalité.*

  Toutes les expériences menées à l'intérieur des organisations le démontrent : un salarié véritablement respecté est un salarié heureux et un salarié heureux donne toujours le meilleur de lui-même.

La réflexion sur la dimension économique et financière

- *Soyez attentif au turn-over, aux arrêts maladies un peu trop fréquents, aux démissions répétées, ils sont généralement le témoignage d'un dysfonctionnement qu'il est préférable d'élucider rapidement. N'oubliez pas que lorsqu'un collaborateur quitte votre société, la perte est conséquente car il faudra de nouveau embaucher un remplaçant qui ne sera pas opérationnel tout de suite avec le risque toujours possible que ce nouveau collaborateur ne fasse pas nécessairement l'affaire.*

.../...

- *Face à une situation de harcèlement, ne privilégiez jamais la dimension économique : si la personne en question vous fait gagner de l'argent, elle en fait perdre également et beaucoup plus qu'on le pense (arrêt maladie, baisse de la motivation au niveau de l'équipe, turn-over, etc.)*

- *Lors du recrutement d'un collaborateur si vous êtes attentif à ses résultats et sa formation, essayez toutefois de savoir dans quelles conditions et comment il les a obtenus, notamment s'il a eu des fonctions de management.*

Nous terminerons ce chapitre par une citation dont le contenu était encadré à l'accueil du siège d'une société où nous intervenons. Elle illustre bien que c'est au responsable de l'entreprise qu'il incombe de faire passer un message unificateur, témoignage de sa philosophie :

« Les collaborateurs de cette maison représentent son capital le plus précieux. Feu ou tempête peuvent détruire nos murs mais tant que nous conserverons notre personnel, nous pourrons reconstruire, remplacer nos équipements et donc poursuivre notre progression.
Si par malheur l'élément humain venait à se disperser, l'entreprise serait trop profondément désorganisée pour être jamais reprise.
C'est vous et non pas les briques, le mortier et les machines qui êtes (suivi du nom de la société) ».

Henry Minzberg, un spécialiste en théorie du management, précisait dans l'un de ses ouvrages, que « le XXeme siècle sera celui du management »[1]. Nous ne sommes pas du tout certain

---

1. Minzberg H., *Le Management. Voyage au centre des Organisations*, Paris, Éditions d'Organisation, 1990.

qu'il l'ait été, du moins tel que nous l'imaginons : avec un minimum d'éthique (de la responsabilité) et de respect d'autrui. Gageons qu'en cette entrée dans le XXIème siècle, le management sera enfin capable de se parer des habits de la vertu en épousant le culte de la responsabilité, en rejetant manipulation et ruse qui ne font qu'obscurcir son apparence.

6 | QUEL PEUT ÊTRE L'IMPACT DE LA LOI ?

DANS NOTRE PRÉCÉDENT OUVRAGE[1], nous décrivions dans le détail tous les textes de lois qui existaient en matière de recrutement notamment ceux qui régissaient l'utilisation des méthodes d'évaluation et la protection des candidats. Pour ce faire nous nous référions non seulement au nouveau code du travail mais aussi au code civil, à la convention de Strasbourg et aux différents textes de la CNIL[2].

Pour résumer, ces textes indiquaient aux recruteurs qu'il leur était impossible de poser des questions n'ayant pas un lien direct avec l'emploi proposé et d'utiliser des méthodes d'évaluation dont la pertinence n'avait pas été démontrée. Le code civil précisait, d'autre part, que chacun avait droit au respect de sa vie privée.

1. Balicco C., *Les méthodes d'évaluation en Ressources Humaines. La fin des marchands de certitude*, Paris, Éditions d'Organisation, 1997.
2. Commission Nationale Informatique et Liberté.

Enfin, les textes de la CNIL réglementaient l'utilisation de toutes les informations recueillies sur une personne physique que celles-ci soient conservées dans des fichiers informatisés ou non.

En théorie ces textes furent très bien pensés. Tout avait été prévu sauf un détail : celui des conditions de leur applicabilité. Dans la réalité, toutes les personnes qui gravitent dans le champ du recrutement continuent de poser toujours autant de questions n'ayant aucun rapport avec l'emploi proposé et chaque candidat sensé sait pertinemment que s'il refusait de répondre, il serait immédiatement éliminé. Quant aux méthodes d'évaluations les plus folkloriques – graphologie, pseudo-tests, etc. – elles continuent d'être utilisées comme le démontrent la totalité des recherches scientifiques consacrées à ce thème.

Se pose donc une question majeure concernant la loi : non pas celle de sa légitimité mais celle de son **applicabilité.** Une loi peut être, en effet, indispensable à condition qu'elle puisse être appliquée sur le terrain de la réalité.

Que dit la loi et que prévoit-elle ?

Dans la proposition de Loi qu'avait déposé le PCF le 14 décembre 1999 à l'Assemblée Nationale, le groupe communiste affirmait la « nécessité d'une législation spécifique » pour combattre le harcèlement moral, légitimant sa demande par le fait qu'il existait bien des textes législatifs mais que ceux-ci étaient « d'une efficacité trop limitée, mal connus, d'application lente et difficile ». Ainsi, les membres de ce groupe proposèrent-ils de compléter le Code du Travail par une série de 7 articles dont le dernier prévoyait une peine de deux ans d'emprisonnement et de 500 000 F (76224,50 euros) d'amende pour tous ceux qui auraient harcelé un salarié « dans le but de porter atteinte à sa dignité ou à son intégrité psychique »[1].

La nécessité d'une loi pour faire face au harcèlement ne s'impose pas pour tous les professionnels du droit. La plupart des juristes expliquent, en effet, qu'il existe déjà dans la législation française tout un ensemble de textes susceptibles de protéger les salariés contre ce type de comportement. M.F. Hirigoyen en fait d'ailleurs la synthèse et en présente quelques-uns.

L'un d'eux concerne la bonne exécution du contrat de travail par l'employeur et, en particulier, la nécessité de « respecter la moralité et la dignité des travailleurs », le suivant oblige celui-ci à préserver la santé physique et mentale de ses collaborateurs et enfin, l'article 1382 du Code civil engagerait la responsabilité de l'auteur de l'agression[2]. Depuis le 11 janvier 2001, la notion de « harcèlement moral » a, quant à elle, été introduite dans le nouveau Code du Travail, avec des références à des « *agissements répétés (...) d'un employeur, de son représentant ou de toute personne abusant de l'autorité que lui confèrent ses fonctions, qui ont pour objet de porter atteinte à sa dignité et de créer des conditions de travail humiliantes ou dégradantes* ». Comme le précise M.F Hirigoyen « la disposition pourrait être complétée en seconde lecture après la remise d'un rapport sur le sujet qui a été demandé par le Premier Ministre au Conseil Économique et Social »[3].

© Éditions d'Organisation

---

1. Proposition de Loi du P.C.F., 16 Février 2000 (Site Internet).
2. Le détail de ces textes est donné dans l'ouvrage de M.F. Hirigoyen, *Malaise dans le travail*, Paris, Syros, 2001.
3. M.F Hirigoyen, op. cit.

Les limites de la loi.

N'étant pas juriste de formation, nous nous contenterons d'analyser non pas la loi elle même – qui est d'ailleurs en cours d'élaboration – mais les conditions de son application.

Il ne saurait être question de critiquer une loi, quand elle concerne un sujet aussi sensible que le harcèlement mais – même si elle a le mérite de vouloir exister – on peut se poser la question de son efficacité.

En France, dès qu'un problème se pose, le législateur a tendance à sortir une nouvelle loi. Or chacun sait qu'entre la loi et son interprétation il existe une infinité de possibles qui rendront certainement le chemin extrêmement périlleux pour tous ceux qui souhaiteront l'emprunter.

Une femme, cadre supérieur, renonce à prendre un avocat et trouve une solution moins extrême

Une femme cadre supérieure – que j'avais eu l'occasion de « coacher », il y a quelques années – me contacta un jour dans le cadre d'un problème relationnel qui s'avéra être un harcèlement des plus graves. La situation avait atteint un tel paroxysme, qu'elle était à mi-chemin entre une dépression grave et le passage à l'acte suicidaire jusqu'à ce qu'elle décide, en fin de compte, de prendre un avocat pour se défendre. Avant d'arriver à de telles extrémités, je lui avais conseillé de bien réfléchir sur un tel choix et, surtout, de prendre un peu de recul. Je lui avais d'ailleurs proposé de la suivre régulièrement pendant quelques semaines ne serait-ce que pour faire le point sur sa situation et l'orienter vers des solutions moins extrêmes. Aujourd'hui, elle est toujours dans la même société – alors qu'elle pensait la quitter – elle est dans un nouveau poste, on ne peut plus satisfaite de sa situation. Ayant abandonnée l'idée de consulter un avocat, elle avait décidé de rencontrer directement la responsable du groupe auquel elle appartenait, celle-ci ayant fait le nécessaire. Dans ce cas présent, je lui avais vivement conseillé de ne pas suivre la voie hiérarchique, certaines personnalités ayant été aveugles à ce qui se passait.

Évidemment toutes les situations de harcèlement ne trouvent pas une issue aussi favorable mais si cette cadre supérieure avait suivi sa première idée, je ne suis pas certain qu'actuellement, elle ait pu conserver son poste. De plus, si elle avait suivi la voie hiérarchique, elle n'aurait certainement jamais obtenu le rendez-vous avec la responsable du groupe.

Certains pourront rétorquer que cette cadre supérieure avait plus de chances d'être écoutée par son patron qu'une « simple employée ». Certes, la position que l'on occupe au sein de l'organisation joue un rôle non négligeable. Pourtant, la situation à laquelle elle était confrontée était des plus précaires : tout le monde semblait s'être ligué contre elle – non seulement son équipe mais aussi les cadres de son service – et très rapidement nous avions identifié chez elle un ensemble de comportements qui aurait pu faire croire qu'elle était elle-même à l'origine de ses propres difficultés. Si, de plus, elle avait adopté la solution de l'avocat, non seulement cela lui aurait coûté une fortune en honoraires, mais elle aurait d'emblée et très rapidement été stigmatisée par toute l'entreprise.

En d'autres termes, et même si elle avait « gagné » contre son harceleur – ce qui est loin d'être prouvé – elle n'aurait pas eu d'autre possibilité que de quitter sa société et aurait été marquée au fer rouge pour tous ses futurs postes. On oublie souvent, que lorsqu'on recrute quelqu'un – notamment un cadre – on se renseigne de plus en plus fréquemment auprès de son (ou de ses) ancien(s) employeur(s). Dans ce cas, il y a fort à parier que l'ancien patron confierait au recruteur l'anecdote en question, même si cette façon de procéder est tout à fait illégale !

La question de la preuve.

Il semblerait également que la question de la preuve n'ait pas été suffisamment débattue. Élaborer une loi qui puisse protéger les salariés est une chose, prouver un harcèlement en est une autre. Dans un tel processus, la violence repose sur des faits très minces comme des sourires, des silences, des petites phrases assassines dans un contexte où la communication est pervertie. Comment faire comprendre devant un tribunal un tel phénomène ? D'autant plus que l'avocat de l'agresseur ne restera certainement pas inactif : il tentera de travestir la réalité, transformant par exemple, un comportement pervers en un simple abus de pouvoir[1]. Et la victime sera de nouveau confrontée à ce qu'elle a déjà vécu : une nouvelle forme de manipulation.

Mais si la question de la preuve est importante, le lieu où celle-ci est présentée l'est encore plus. Lorsqu'il s'agit de témoigner, nous ne sommes pas du tout certain que la motivation pour le faire soit la même au sein de l'entreprise – où l'on travaille et devant un responsable que l'on connaît – et à l'intérieur d'un tribunal, devant un juge.

Toute cette atmosphère n'est guère favorable à la victime qui après avoir été harcelée, devra subir, une fois de plus – et même si elle accompagnée d'un avocat – une autre forme de

---

1. Même si l'abus de pouvoir concerne en général plusieurs personnes (et non pas une seule comme c'est le cas dans un processus de harcèlement).

violence : celle d'être confrontée à son agresseur et d'avoir une fois de plus à se défendre.

Pour une politique de prévention à l'intérieur de l'organisation.

C'est bien pour ces quelques raisons que nous avons axé notre discours sur la prévention du harcèlement et sa neutralisation au sein même de l'entreprise. Il nous parait, en effet, plus réaliste de traiter cette dérive à l'intérieur même de l'organisation – et de prendre effectivement la responsabilité de le faire – que d'étaler sur la place publique un ensemble de comportements qui ne trouveront d'ailleurs pas forcément de solutions à un niveau juridique.

Car si la loi permet de dire comment il est possible de lutter contre le harcèlement, elle ne cherche pas du tout à savoir pourquoi de tels comportements peuvent se produire. **Et justement, c'est bien à l'entreprise et à ses représentants de rechercher les causes de telles dérives car c'est en neutralisant le fonctionnement pervers d'une organisation que l'on empêchera les pathologies de s'installer.**

7 | QUEL COMPORTEMENT ADOPTER FACE À SON AGRESSEUR ?

ON ESTIME QU'IL Y A EN FRANCE entre 8 et 10 % de la population au travail qui se fait harceler. Ces chiffres sont impressionnants mais ils ne doivent pas nous faire oublier la souffrance – bien souvent vécue en silence – qui existe au sein des organisations. Tout doit-être fait pour la faire disparaître.

Outre le harcèlement, qui constitue la forme la plus extrême de violence au sein de l'entreprise, il existe des comportements qui lui sont proches mais qu'on ne peut qualifier de harcèlement au sens strict du terme. C'est le cas de celui qui « passe ses nerfs » ou sa « mauvaise humeur » sur ses collègues et qui vient ensuite s'excuser et expliquer ses raisons. Le phénomène n'est pas continu mais se répète de temps en temps. Les excuses sont sincères et même s'il y a violence, il n'y a pas véritablement de harcèlement : les périodes sont limitées et le « harceleur » peut très bien s'arrêter comme il a commencé. Néanmoins la souffrance de ceux qui ont à subir ces sautes d'humeur ne doit pas être sous-estimée.

C'est pour restaurer l'estime de soi qu'il ne faut pas se laisser faire.

Pourquoi ne pas se laisser faire : tout simplement pour se sentir bien. Le harcèlement constitue en effet la forme la plus extrême de la violence en entreprise. Il engendre un niveau de stress le plus élevé qui soit non seulement en raison des modalités de son déroulement mais aussi à cause de sa durée. De nombreuses études ont ainsi montré depuis plus de 20 ans les répercussions extrêmement néfastes au stress – quand il devenait chronique – sur la santé et sur l'équilibre psychologique. L'impact du stress sur le système immunitaire[1] est connu depuis longtemps et l'on sait très bien que le harcèlement peut déclencher un certain nombre de pathologies somatiques ou psychopathologiques.

Si la situation de harcèlement constitue un stress psycho-social indéniable, tout dépendra de la perception et de l'interprétation qu'en aura la victime . Il est tout à fait possible qu'une personne puisse interpréter un ensemble de comportements comme étant du harcèlement alors que sa voisine, placée dans la même situation, ne l'interprétera pas de la même façon.

Comme le précisent Rodin et al. il y aurait tout d'abord une évaluation « primaire » où le sujet commencerait par évaluer la situation en termes d'urgence, de gravité, de défi, etc. (« stress perçu ») et une évaluation secondaire (« contrôle perçu ») qui consisterait à faire une estimation de ses ressources et de ses capacités à maîtriser la

---

1. Kiecolt-glaser J.K., Glaser R., (1991) « Psychosocial factors, Stress, Disease and Immunity », *in* ADER. R., FELTEN D.L., COHEN. N (Edit.) *Psychoneuroimmunology*, Chapitre IV, 847-867, New York, Academic Press.

© Éditions d'Organisation

situation. Il a été ainsi montré qu'une situation de contrôle se révélait « immunogène » tandis qu'une situation de perte de contrôle serait, au contraire, « pathogène » provoquant un certain nombre de maladies[1].

Les 3 piliers de l'estime de soi

Certains éléments nécessaires à l'équilibre mental sont détruits par le harcèlement et devront être reconstruits.

- Le premier concerne *l'amour de soi*. Dans le cadre d'un harcèlement, il faudra ainsi réapprendre à s'aimer avec ses défauts, ses limites, avec ses qualités bien sûr. On devra être capable de se dire que même si on n'est pas parfait et même s'il nous est arrivé de ne pas être à la hauteur dans notre travail, on a le doit d'être aimé et d'aimer comme on a le droit au respect.

Comme le soulignent Christophe André et François Lelord, *l'amour de soi* « n'empêche ni la souffrance, ni le doute en cas de difficultés, il protège du désespoir[2].C'est lui qui nous permet de résister comme il va permettre à la victime d'un harcèlement de se reconstruire.

- Le deuxième élément est la *vision de soi*. Dans le cadre du harcèlement la victime a progressivement perdu la vision qu'elle avait d'elle-même auparavant. L'avoir dévalorisée ou l'avoir mise en difficulté devant du monde lui a progressivement fait perdre de vue ses propres qualités. Il lui faudra réapprendre à évaluer ses potentialités.

---

1. Rodin et al. « Health Psychology » in Bruchon-Schweitzer M.L., *Les problèmes d'évaluation de la personnalité aujourd'hui. L'orientation scolaire et professionnelle*, 1994, 23, n° 1, 35-57.
2. André C., Lelord F. (1999), *L'estime de soi*. Paris, Éditions Odile Jacob.

- Enfin la troisième qualité que la victime devra reconstruire est la fameuse *confiance en soi*. Celle qui manque justement à la victime quand il s'agit de se défendre. Elle s'acquiert par le biais de l'éducation – à l'école mais aussi chez soi – et dans la manière dont nos parents nous ont élevé. Elle continue aussi de s'acquérir à travers nos expériences constituées de nos réussites mais aussi de nos échecs et de la manière dont on les gère.

Ces trois qualités : amour de soi, vision de soi et confiance en soi constituent les trois piliers de *l'estime de soi*[1]. Et cette seconde partie a pour ambition d'amener le lecteur, s'il est confronté à un harcèlement, à reconquérir cette estime de soi.

Développer l'estime de soi, c'est retrouver goût à la vie, c'est aussi réapprendre à s'aimer. Mais, c'est aussi éviter de transmettre à son entourage proche son angoisse, sa souffrance et sa dépression.

Pourquoi le recours à certains spécialistes est inefficace ou insuffisant.

Donner des conseils dans l'entreprise à toutes les personnes qui ont été ou qui sont actuellement confrontées à une situation de harcèlement doit répondre, selon nous, à un certain nombre d'exigences.

---

1. André C., Lelord F. Op. cit.

- La première est de bien connaître l'entreprise, c'est-à-dire d'y avoir travaillé – en tant que collaborateur – pendant au moins quelques années. C'est la seule façon de connaître du moins en partie, la complexité des organisations ainsi que la « philosophie » qui les sous-tend.

- La seconde est d'avoir également une expérience de consultant en entreprise. Et il faut distinguer ceux qui exercent cette fonction deux ou trois fois par an et ceux dont c'est la seule activité.

- La troisième est d'avoir pu observer *in situ* le phénomène dont on est censé parler : recueillir des anecdotes ou des témoignages au sein de son cabinet sans connaître le type d'organisation où ces comportements se sont produits n'est pas suffisant et il nous paraît important d'avoir pu aussi les observer au sein même de l'entreprise.

- Enfin, la quatrième exigence, quand on intervient au sein de l'entreprise, est d'avoir eu la possibilité de comparer les discours des différents acteurs avant de se faire une idée. Quand à la question de la formation du spécialiste – bien qu'importante – elle reste relativement secondaire au regard des exigences précédemment évoquées[1]. C'est cet ensemble de présupposés que nous appelons « la réalité de terrain » même si nous avons conscience des limites de cette expression.

© Éditions d'Organisation

---

1. Comme la question du harcèlement concerne en priorité la sphère psychologique et affective de la victime, il nous paraît indispensable de faire appel à un spécialiste capable d'en appréhender la complexité. Selon nous, seuls des consultants - psychologues ou psychiatres de formation – sont véritablement en mesure d'aborder cette question (s'ils répondent, bien sûr, aux exigences énoncées ci-dessus).

Avec les meilleures intentions du monde, les médecins du travail et les professionnels extérieurs à l'entreprise et exerçant en libéral ne peuvent soigner ce qui est du ressort d'un dysfonctionnement social

C'est parce que les quatre exigences ou conditions ne sont pas réunies que certains spécialistes en viennent à donner des conseils inappropriés.

Notre activité nous a montré qu'il était indispensable de suivre les personnes harcelées sur de longues périodes – en dehors de l'entreprise – même s'il nous est arrivé d'en rencontrer certaines, sur leur demande, au sein même de leur entité (cadres supérieurs). En dix ans de pratique, nous n'avons jamais rencontré quelqu'un qui ait pu résoudre un harcèlement en faisant appel à une personnalité travaillant à l'intérieur même de sa société. La question du harcèlement est complexe et concerne plusieurs domaines qui vont de la sociologie à la psychopathologie en passant par le management. Il nous parait, par conséquent, extrêmement curieux que l'on puisse conseiller aux victimes d'un harcèlement d'aller consulter certains spécialistes comme les médecins du travail – ou les médecins généralistes – qui n'ont ni les compétences, ni le temps pour traiter ce type de question.

Viviane M. avait été mal orientée par son généraliste

Quand j'ai rencontré Viviane M. elle était en psychothérapie depuis quatre ans. Elle avait demandé à me parler alors que je venais de terminer une conférence dans son entreprise. Elle était dans une passe difficile. La description de ses symptômes me fit penser à une pathologie dépressive, sans doute initiée par un divorce qui ne s'était pas bien passé. Je fus étonné qu'elle ne soit pas en congé maladie et que sa « psychothérapie » n'ait pas plus d'impact sur elle. Plusieurs fois pendant l'entretien, je la vis s'arrêter de parler pour retenir ses larmes. Elle me précisa d'ailleurs qu'elle était sous antidépresseur depuis plusieurs mois mais qu'elle ne se sentait pas beaucoup mieux pour autant. Bientôt, elle en vint à la question qu'elle souhaitait me poser.

Et cette question concernait justement sa « psy », avec laquelle ça ne se passait pas bien. Depuis déjà près d'un an et demi, elle se sentait sombrer et elle le vivait d'autant plus mal que sa « psychothérapeute » n'arrêtait pas de lui dire que le phénomène était normal et qu'il fallait absolument continuer. Je lui demande alors de me décrire les modalités de sa « psychothérapie ». Je découvre avec stupéfaction une sorte d'échange à deux — ponctué de quelques conseils naïfs (« il faut vous faire confiance ! ») — ressemblant beaucoup plus à une conversation de salon qu'à autre chose. J'apprends finalement que sa « psychothérapeute » est une ancienne infirmière reconvertie et surtout une « maître praticienne en PNL »[1].

Sur la base de ces informations, je lui suggère de changer très rapidement de « thérapeute ». Elle semble ennuyée et elle finit par m'avouer que c'est son médecin généraliste qui lui avait conseillé d'aller la voir comme il la motivait également à poursuivre sa « psychothérapie » avec elle. Je lui explique, en quelques mots, la distinction qui existe entre une psychothérapie qui n'est pas une fonction (on n'est pas « psychothérapeute ») et la pratique psychothérapique menée par un psychologue ou un psychiatre. Je lui conseille, à cet effet, d'aller consulter l'un de ces spécialistes.

Trois semaines après je la croise dans son entreprise : elle me confie qu'elle va beaucoup mieux et qu'elle a d'ailleurs commencé une « vraie » psychothérapie (avec une psychologue). « Comment ai-je pu me laisser embarquer dans une telle histoire ! » m'avouera-t-elle à ce moment là. Visiblement, son médecin généraliste l'avait mal orientée.

---

1. Balicco C. (2000). « La programmation neuro-linguistique ou l'art de manipuler ses semblables », *Sciences et Pseudo-sciences*, n° 243, 10-18.

Certains médecins ont également beaucoup de « bon sens » dès lors qu'il est question d'aider une personne harcelée par un supérieur hiérarchique.

Le médecin du travail veut bien faire, mais le harcèlement de Carole L. redouble d'intensité

Madame L. est médecin du travail dans une grande entreprise de la région parisienne. Un jour, elle rencontre, Carole. L. qui vient d'être embauchée tout juste à la sortie de son école de commerce. Celle-ci lui confie avoir toute une série de symptômes qu'elle ne peut s'empêcher de mettre en relation avec le harcèlement qu'elle subit depuis déjà plusieurs semaines, de la part de son manager. Après cet entretien, assez rapide, ce médecin décide de rencontrer ce responsable pour faire le point. Carole se rappelle encore qu'en quittant le service Madame L. lui fit un petit signe amical sans doute pour lui signifier que, désormais, tout se passerait bien. Hélas, le résultat fut catastrophique. Le soir même Carole était convoquée par son responsable qui lui expliqua qu'elle avait eu tort d'en parler au médecin et que leurs relations n'intéressaient personne, etc. Le harcèlement redoubla d'intensité et Carole dut quelques mois plus tard demander sa mutation (dans une autre région). Malheureusement, elle était déjà cataloguée : ce qui fut un harcèlement dans son ancien service fut décrit dans son nouveau poste, comme un « problème relationnel » qui était de son fait.

D'après l'enquête menée par M.F. Hirigoyen auprès des personnes harcelées, 65 % d'entre elles en ont parlé à leur généraliste et parmi elles 42 % ont été aidées par lui[1]. Il faudrait savoir ce que signifie « avoir été aidé ». Mais on connaît la tendance des généralistes – et de certains psychiatres – à prescrire

---

1. Hirigoyen M.F., op. cit.

des antidépresseurs pour des tableaux cliniques qui ne sont généralement que la conséquence d'une problématique de nature sociale.

Comme le soulignait fort bien le psychiatre Édouard Zarifian il y a quelques années, le médicament psychotrope est devenu non seulement « une recette largement diffusée qui risque de mettre les cerveaux sous influence » mais beaucoup plus grave, « la psychiatrie pourrait devenir un instrument de contrôle social sur les individus »[1].

Le fonctionnement même de l'entreprise conduit inévitablement la plupart des médecins à cette tentation de vouloir soigner ce qui n'est pas une maladie mais un dysfonctionnement social. En le faisant, ils participent activement à cette « anesthésie affective et psychique » dont parle E. Zarifian compromettant ainsi la recherche d'un sens et donc de solutions pour la victime.

Les professionnels sont susceptibles de renforcer le moi de la victime, mais non de résoudre la situation

Quant à ceux qui conseillent d'aller consulter un psychologue ou un psychiatre, ils ont tendance à occulter un détail : la personne harcelée retournera tôt ou tard au sein de son entreprise et, inévitablement, se retrouvera confrontée à la personne à qui elle doit sa souffrance. C'est un peu comme si on soignait une blessure et que l'on retirait la croûte au moment même où elle se cicatrisait. Il faut considérer le psychologue ou le psychiatre pour ce qu'ils sont : des professionnels susceptibles d'aider la

---

1. Zarifian E., *Des paradis plein la tête*, Paris, Éditions Odile Jacob, 1994.

victime, de la soutenir et de l'accompagner notamment en renforçant son moi, mais certainement pas de résoudre la situation qu'elle est en train de vivre sur son lieu de travail.

Les responsables des ressources humaines et les syndicalistes

Quand une personne est confrontée à un harcèlement et que la plupart est au courant de ce qui se passe, la victime perd confiance en l'organisation et à ses représentants. Il n'est donc pas étonnant qu'elle se tourne vers l'extérieur, souvent d'ailleurs, en désespoir de cause. Nous avons déjà évoqué la question des Ressources Humaines au sein de la plupart des entreprises et de la position, on ne peut plus ambiguë, des DRH. Il n'est, bien entendu, pas question de généraliser notre discours et même si certains d'entre eux sont capables d'entendre le victimes – c'est-à-dire la souffrance qu'elles expriment – il n'en demeure pas moins que la plupart des professionnels des RH semblent beaucoup plus compétents pour des disciplines plus formelles comme le droit et la législation du travail que l'écoute et la psychologie qui se réduit, bien souvent, à des conseils de « bon sens ». De façon sous-jacente se pose la question de leur formation et nous sommes en France bien loin des pays comme le Canada, la Suède, etc. qui ont su aborder le problème que nous traitons depuis déjà bien longtemps notamment en le nommant de façon explicite.

Autres spécialistes susceptibles de pouvoir aider les « victimes »

Nous ne disposons pas de suffisamment de données pour parler des avocats même si ces derniers doivent également être confrontés à la même problématique qui est celle de la

« preuve ». Nous n'évoquerons pas la question des assistantes sociales qui travaillent pour un employeur et dont la position est assez semblable à celle des DRH – position délicate entre le salarié et le responsable de l'entreprise – pour parler de la personne directement confrontée à la situation de harcèlement.

Une stratégie volontariste centrée sur la prévention et sur l'action.

Nous avons choisi de distinguer plusieurs types de conseils en fonction de la situation et du degré d'avancement du processus. Leur ensemble est une synthèse de ce qui peut être applicable au sein de l'entreprise et constitue le fruit de ce que nous avons pu observer sur le terrain. Même si ces conseils ne sont pas à eux seuls une panacée – le croire serait ignorer la complexité de la question – ils ont cependant le mérite de s'attaquer directement au problème et de positionner chacun comme un véritable acteur de la situation.

Les premiers conseils s'inscriront dans une dynamique essentiellement préventive. Le fait d'avoir été sensibilisé à certains comportements est, en effet, une façon de se prémunir contre un risque toujours possible de harcèlement. Les conseils suivants concerneront tous ceux qui viennent d'être confrontés à ce type de situation mais qui n'en est encore qu'à ses débuts. Notre ambition sera d'empêcher la victime de s'enfoncer dans une spirale qui peut, très rapidement, devenir infernale. Enfin la dernière série de conseils concernera tous ceux qui sont confrontés actuellement à un harcèlement dans sa phase la plus avancée. Les conseils suggérés seront, contrairement aux précédents, beaucoup plus axés sur la manière de se défendre.

Tous ces conseils sont complémentaires. Tous les comportements qu'ils suggèrent ont fait leurs preuves sur le terrain et démontré leur efficacité. En outre, il n'est pas inutile de rappeler certaines « règles » en matière de comportement, que l'on a souvent tendance à oublier, en particulier, quand on est constamment sous pression au sein de sa société.

Nous avons limité nos conseils et nos suggestions à ceux qui nous semblaient les plus utiles, les plus pertinents et les plus concrets à suivre. Notre ambition est aussi de stimuler le lecteur afin que, lui aussi, soit capable de trouver – par rapport à la réalité de son contexte – si ce n'est des solutions du moins des ébauches de stratégie qui puissent le rendre beaucoup plus actif qu'il ne peut l'être parfois.

> *Pour prévenir le harcèlement, il est indispensable d'éviter en amont un certain nombre d'erreurs.*

Cette dimension préventive nous semble tout à fait fondamentale. Notre observation sur le terrain nous a bien souvent montré que les victimes, bien qu'elles n'aient pas un profil psychologique particulier avaient commis, en amont, un certain nombre « d'erreurs ».

Évitez, autant que faire se peut, l'usage du tutoiement

Le tutoiement, qui n'existe d'ailleurs pas dans toutes les langues, est une façon très sympathique d'aborder autrui. Certes, on n'aime pas toujours tutoyer ou être tutoyé mais on s'y soumet tant bien que mal. Que faire d'ailleurs quand on est un nouveau collaborateur et qu'on vous accueille ainsi sans vous avoir demandé l'autorisation de le faire ! Comment procéder quand tout le monde se tutoie à l'intérieur d'un service ? S'il est vrai que l'on n'a pas toujours le choix, cette pratique n'est-elle pas finalement gratifiante en particulier quand c'est un responsable hiérarchique qui en est l'initiateur. Il est clair, d'autre part, que le tutoiement favorise une forme de reconnaissance et incite à un rapprochement plus intime voire une certaine complicité entre les gens.

C'est vrai que le tutoiement est une bonne chose mais uniquement… quand tout va bien. C'est quand les événements se gâtent que l'on découvre subitement ses limites. Certes, le tutoiement rapproche, mais sournoisement, il retire une partie de liberté et d'autonomie rendant, dans certaines circonstances les choses nettement plus difficiles à dire.

Bien sûr, il n'est pas question d'annoncer subitement à votre entourage professionnel qu'il n'est plus possible de vous tutoyer. Personne ne le comprendrait (en particulier tous ceux qui l'utilisent depuis des années !). Il n'est pas non plus question de ne jamais se laisser tutoyer mais de réfléchir avant de le faire et d'avoir en tête un certain nombre de règles :

- Attendez que cela vienne naturellement. Il y a des personnes que l'on n'a pas envie de tutoyer comme on souhaiterait encore moins qu'elles le fassent. On dit communément dans ce cas que « le courant ne passe pas » et ce n'est certainement pas un hasard si vous avez cette impression.
- Si vous voulez tutoyer un collègue, demandez-lui si cela est possible. La réciprocité voudrait également qu'il puisse faire de même. Si ce n'est pas le cas, continuez de vous vouvoyer.
- Si vous décidez de tutoyer un collègue et qu'il est également d'accord pour le faire, veillez à ce qu'il n'existe pas

entre vous de lien de subordination. En d'autres termes, on peut adopter plus facilement le tutoiement quand on est de même niveau hiérarchique. Votre supérieur hiérarchique pourra, éventuellement, vous appeler par votre prénom mais à condition de vous l'avoir demandé. Si c'est le cas, il devra continuer de vous vouvoyer.

- Si vous avez des relations avec des clients – aussi proches et aussi sympathiques soient-ils – et même s'ils vous le demandent, ne les tutoyez jamais. Dans cette relation où vous êtes un « fournisseur », c'est quand surviennent des problèmes – et qu'il faut les négocier – que l'on peut s'attendre à certains dérapages.

- Il arrive également que certaines personnes tutoient d'office leur interlocuteur en particulier quand celui-ci est beaucoup plus jeune qu'eux. L'âge n'est pas un critère qui puisse légitimer ce type de comportement et il ne dispense en aucune façon du respect auquel vous avez droit.

Cet ensemble de conseils ou de suggestions a pour finalité d'aider à se prémunir contre certaines personnes mal intentionnées qui se servent du tutoiement comme une porte d'entrée pouvant malheureusement déboucher ultérieurement sur des comportements inacceptables. D'autant plus que lorsqu'on se tutoie, on a plus tendance à se faire des confidences que l'on pourra fort bien regretter par la suite. Dans une certaine mesure, on peut même considérer le tutoiement fait d'office comme une première tentative pour manipuler l'autre. Sans doute est-ce d'ailleurs pour cela que certaines personnes le vivent comme une agression.

Ne confiez jamais les détails de votre vie personnelle

Dans des périodes de doute ou d'incertitude, il nous arrive parfois de confier à certaines personnes de notre entourage professionnel des détails relativement intimes de notre vie personnelle. Même si le fait de se confier à autrui a une fonction thérapeutique – celle de se soulager et de neutraliser en partie sa propre angoisse – il n'en demeure pas moins que l'effet reste limité dans le temps. Sans doute est-ce pour cette raison que les gens qui se confient le regrettent très rapidement !

Est-ce à dire que nous ne devons parler de notre vie à personne et rester dans une sorte de secret permanent ? Nullement, mais il faut bien réfléchir au contenu de ce que l'on a à dire et être extrêmement vigilant vis-à-vis de ceux à qui on est tenté de se confier. S'il existe des gens capables de vous entendre avec le désir sincère de vous aider, c'est loin d'être toujours le cas. Il existe ainsi tout un ensemble de gens – et les pervers en font, bien sûr partie – qui ne manqueront certainement pas de se servir de cette « faille dépressive »[1] que vous leur avez montré en leur confiant une partie de votre vie personnelle. Et puis n'oubliez pas que dans l'entreprise la discrétion n'est pas une qualité majeure et pensez à ce fameux proverbe chinois qui nous rappelle que « Notre meilleur(e) ami(e) a aussi son (ou sa) meilleur(e) ami(e) ».

Une confidence malencontreuse

J'ai rencontré une jeune femme qui avait eu l'idée pour justifier un retard de confier à son directeur que son fils (qu'elle avait été obligée de confier en catastrophe à sa belle-sœur) avait des troubles de la

---

1. Une « faille dépressive » ne signifie nullement que la personne soit dépressive pour autant.

personnalité. Quand elle fut confrontée, par la suite, à un processus de harcèlement, plusieurs fois son manager lui fit comprendre – de manière extrêmement perverse – qu'il n'était pas étonné finalement, quand il la voyait travailler, que son fils ait autant de problèmes...

Bien que cela ne soit pas très « scientifique », faites confiance à votre intuition. Comme nous le soulignions précédemment – bien que l'on se fasse parfois berner – soyez attentif aux premières impressions que vous pouvez ressentir dès lors que vous vous retrouvez face à certaines personnes. Si vous êtes d'emblée « mal à l'aise » ou si vous sentez que le « courant » ne passe pas entre vous et votre interlocuteur, éloignez-vous rapidement du personnage. Nous pensons en particulier à toutes ces personnes qui, subitement s'intéressent à vous et qui vont même jusqu'à vous demander de se confier à eux « pour vous aider » disent-elles !

Ne confondez pas votre vie professionnelle et votre vie personnelle

Les questions professionnelles concernent l'environnement professionnel et doivent être débattues dans le cadre de l'organisation où l'on travaille. Certains ont tendance à l'oublier. Si par exemple, un de vos collègues ou de vos managers veut faire le point sur votre carrière ou discuter de votre travail, posez-vous des questions s'il souhaite vous rencontrez en dehors de son bureau ou du lieu où il travaille. Et s'il vous invite à prendre un verre dans un hôtel ou un pub, interrogez-vous sur ses motivations. Si la question est professionnelle, il est évident qu'elle doit être réglée à l'intérieur de la société elle-même.

Ne mélangez pas vos relations professionnelles avec votre univers personnel. Bien sûr, il est inévitable que certaines relations puissent s'initier sur le lieu de travail mais si vous les exporter en dehors du contexte, il est indispensable de prendre certaines précautions :

- Évitez de confier les détails de votre vie personnelle voire intime, du moins tant que vous ne connaissez pas suffisamment la personne avec qui vous dînez, par exemple.

- Évitez également d'entretenir des relations avec une personne avec qui vous avez un lien de subordination. Il est difficile de considérer son interlocuteur comme un ami si une fois en poste il se comporte vis-à-vis de vous comme un véritable manager.

- Et surtout quand vous êtes à l'extérieur de votre organisation ne soyez pas tenté de parler « boutique ». La langue est parfois beaucoup plus rapide que la pensée et il arrive, très souvent, que certaines données confidentielles inhérentes à la société ne le soient plus. Et chacun sait que le conseil d'usage : « C'est hyper confidentiel je n'en parle qu'à toi » ne leurre plus personne. Vous êtes au travail, parlez travail, vous êtes à l'extérieur, parlez d'autre chose.

Si votre intégrité est mise en cause, même en plaisantant, n'attendez jamais pour réagir

Certains ont l'habitude de constamment « mettre en boite » les gens qui travaillent avec eux. Certes, tout le monde n'est pas logé à la même enseigne et il faut bien distinguer la plaisanterie de bon goût de celle qui l'est moins, voire pas du tout. La première fait rire tout le monde de bon cœur, elle détend l'atmosphère et ne laisse aucune trace chez celui qui en est l'objet. Les autres sont celles qui font rire mais par identification au groupe et plus « par obligation » qu'autre chose. On rit parce que tout le monde rit et qu'on n'a pas envie de passer pour quelqu'un de « coincé ». On rit et on donne ainsi l'impression à l'initiateur de la plaisanterie qu'il possède un humour débordant qui le rend irrésistible et apprécié de tous.

Mais certaines plaisanteries sont de véritables agressions et elles ont immanquablement des incidences psychologiques chez la « victime » comme chez Yolande, une femme d'une cinquantaine d'années dont la plupart des hommes de son équipe, se moquait constamment à cause de sa forte poitrine.

Des plaisanteries qui allaient trop loin

On la traitait pour ne choisir que ces quelques exemples : « d'usine à lait », de « vache laitière », etc. Les initiateurs de ces « plaisanteries » étaient même convaincus qu'il s'agissait là d'humour. Mais comme le souligna une de ses collègues : chacun était pourtant à même de voir qu'elle retenait ses larmes. Comme elle ne voulait pas passer pour une râleuse et, face à ces fréquentes agressions, elle trouvait encore la force d'esquisser un sourire. Elle ne souhaitait pas que quelqu'un intervienne : « Ça ne vaut vraiment pas le coup » confiait-elle autour d'elle.

Mais cette fuite est-elle une bonne stratégie et n'incite-t-elle pas finalement les autres à continuer ? Quand on met en cause l'intégrité physique, psychologique ou mentale d'une personne, l'une des meilleures attitude à adopter **est de réagir le plus rapidement possible, la première fois, afin d'éviter cela ne se reproduise.** La majorité des gens a tendance à fonctionner selon une théorie implicite qui voudrait que le silence – ou le rire qu'avait Yolande, pour masquer son trouble et son désarroi – constitue le témoignage implicite de son accord : si elle ne dit rien, c'est qu'elle est d'accord et si elle sourit c'est qu'elle apprécie la plaisanterie ! Il est pourtant

184

facile de se douter que cela ne fait plaisir à personne d'être le bouc émissaire d'un groupe ou d'un personnage (dont l'humour est souvent limité !).

Si on découvre, rapidement, les vertus du « savoir réagir vite », il est indispensable de **ne jamais répondre de façon agressive**. Si tel était le cas, « l'agresseur » – ou les « agresseurs » – pourrait très facilement utiliser un autre registre, tout aussi pervers, où il légitimerait une fois de plus sa plaisanterie en se moquant de l'inaptitude de la victime à comprendre les « subtilités » de son « humour » : « *Tu n'as vraiment aucun humour !* » ou « *C'était vraiment pas méchant ce que je te disais* », etc.

Évitez, autant que faire se peut, les contacts physiques

Comparativement à ce qui se passe dans la plupart des autres pays – en Europe et dans tous les pays de culture anglo-saxonne – il existe, au sein de nombreuses entreprises une « philosophie du contact », qui n'est pas toujours la bienvenue. Nous voulons faire référence aux « embrassades » du matin ou à la fameuse « bise » qui ont exactement les mêmes inconvénients que le tutoiement et qui concernent plutôt les femmes.

Nous avons souvent constaté que si tout le monde avait tendance à s'embrasser, la majorité des gens y était, pourtant, tout à fait opposé. Il est vrai que lorsque l'un de vos collègues ou l'un de vos supérieurs se précipite sur vous pour vous faire la bise, le tout sans crier gare, il est difficile de refuser voire de réagir.

Si tel n'est pas votre souhait, il est pourtant indispensable de le faire.

© Éditions d'Organisation

Quelques suggestions :

- La première fois que cela se produit, alors que vous ne le souhaitiez pas, dites-le tout de suite à votre interlocuteur en lui expliquant, de façon détendue, que vous avez toujours été habituée à serrer la main de vos collègues. Si vous le dites sans aucune agressivité, votre interlocuteur le comprendra généralement très bien (même s'il sera probablement un peu « vexé »). N'attendez pas car, après, ce sera beaucoup plus difficile de le lui dire !
- Pour éviter les personnes qui ont tendance à vouloir vous embrasser sans vous le demander, une petite astuce : placez votre avant bras droit devant vous de façon à maintenir une distance entre vous et votre interlocuteur (et surtout ne bougez pas votre bras), cela l'empêchera de s'approcher de vous et il sera bien obligé de vous serrer la main.
- Nous vous recommandons également de n'avoir aucun contact de cette nature dès lors qu'il existe entre vous et votre interlocuteur un lien de subordination (d'autant plus que ce comportement ne sera pas forcément bien perçu par les autres membres de l'équipe !)

Ces quelques conseils sont, bien entendu, en étroite relation avec la gestion du tutoiement. Quelqu'un qui vous vouvoie a peu de chances de vous faire la bise (et inversement d'ailleurs !)

Sachez vous considérer tel que vous êtes et non tel que la société en général ou votre entreprise veut que vous soyez

Le monde qui nous entoure est loin d'être semblable à celui que l'on veut bien nous montrer. À lire les magazines ou à regarder certains médias comme la télévision, on a parfois l'impression que tout le monde sur terre est beau, riche, intelligent et de surcroît forcément heureux. Les *soap opera* américains nous présentent ainsi des familles riches – pas très souvent heureuses – ou chaque membre ressemble à un *top model* qui se pose des questions existentielles fondamentales pour le commun que nous sommes : « *Quelle voiture vais-je donc prendre aujourd'hui ?* » ou « *Mon tailleur bleu va-t-il s'harmoniser avec la couleur de ma Jaguar ?* », « *Que vais-je bien pouvoir faire aujourd'hui de mon argent ?* », etc. On nous sert ainsi quotidiennement de l'illusion à la pelle et certains vont même jusqu'à en redemander. Mais les stéréotypes sont tellement forts que personne ne s'y trompe. Ce qui est en jeu – pouvoir, argent, succès et beauté – a pourtant une influence considérable sur nous. Ce n'est pas sans raison que l'on retrouve au cœur de notre société mais aussi dans les organisations, le même type de motivations que sont la course à la réussite et au succès.

Une question se pose cependant : si certaines personnes sont ambitieuses et souhaitent accéder dans l'entreprise au pouvoir et à la réussite (« *je veux être cadre dirigeant* »), à l'argent (« *je veux gagner tant* ») – ce qui est légitime en soi – est-ce le cas de la majorité de ceux qui y travaillent ? La réponse est négative. Toute le monde n'a pas le désir de progresser au sein de son entreprise.

En revanche, il y aura toujours des personnalités qui, au sein de leur propre organisation, feront tout leur possible pour culpabiliser tous ceux qui ne voudront pas « évoluer ». Ce n'est pas sans raison qu'il existe au sein des organisations une telle distinction entre les employés d'une part et les cadres d'autre part. On ne se mélange pas et si cela arrive parfois, chacun adoptera un comportement qui correspondra à la strate à laquelle il appartient.

Comme le décrit fort bien Bourdieu, les organisations et leurs hiérarchies sont instrumentalisées au service des stratégies de reproduction des dominants que sont les cadres et les dirigeants[1]. Les viviers de diplômés issus des mêmes écoles au sein d'une même entreprise, en sont une illustration.

Il est indispensable de prendre conscience de cette culpabilité qu'on peut vous faire ressentir ne serait-ce que pour mieux la combattre car, bien sûr, elle n'est pas exempte de dégâts.

Considérez qu'il est préférable d'être un cadre « moyen » heureux plutôt qu'un cadre supérieur constamment stressé qui peut même aller jusqu'à regretter son ancien poste.

Entre un employé équilibré et content de venir travailler et un cadre malheureux qui n'est plus en mesure d'assumer ses responsabilités, le choix est vite fait. Même phénomène pour les diplômes : à entendre les gens autour de soi, tout le monde est diplômé (alors qu'un français sur deux qui travaille possède le niveau du certificat d'études !). Et combien de personnes sont complexées d'avoir arrêté leurs études trop tôt. Combien de collaborateurs n'osent même plus réagir tant ils ont peur de ces parchemins – et de ces personnalités qui les détiennent – et qui ne sont finalement que des symboles avec toutes les « croyances » qui en découlent dont la fameuse théorie implicite et naïve : « *il est diplômé donc il est intelligent !* »

Chacun de nous – quelle que soit sa position dans l'organisation et son statut – participe, de près ou de loin, au développement de sa société. À cet égard, il possède des compétences mais aussi un certain nombre de qualités qu'il pourra développer dans le temps. Toutefois, ne perdons pas de vue l'essentiel :

© Éditions d'Organisation

---

1. Bourdieu P. La noblesse d'État. Grandes écoles et esprit de corps. Éditions de minuit. Paris, 1989.

ce n'est pas parce que l'autre est différent et qu'il possède des caractéristiques socialement valorisées (beauté, jeunesse, etc.) qu'il est forcément supérieur à vous (et inversement).

Ce qui fait la richesse d'une entreprise, c'est sa diversité et même si certains ont tendance à mépriser ceux qui ne souhaitent pas évoluer (« *tu ne vas pas rester employé toute ta vie* »), ceux qui ne sont pas diplômés (« *tu n'as que ton bac ?* »), ne tombez pas dans cette « croyance » qui voudrait que seules ces catégories (les ambitieux et les diplômés) soient les plus aptes à avoir une place dans l'organisation. Ce qui fait la force d'une entreprise et qui fera la richesse de toutes celles à venir sera cette aptitude à gérer toutes les intelligences et non pas celles considérées comme « supérieures » même si, bien sûr, il en existe[1].

Quand le harcèlement a commencé, il faut se montrer ferme.

Bien entendu, il vaut mieux prévenir le harcèlement que le subir, malheureusement quand il a commencé, il n'est guère possible de revenir en arrière. Et parfois il a commencé sans même que l'on s'en doute.

Les conseils et les suggestions que nous allons proposer maintenant concernent essentiellement la phase préliminaire du harcèlement. Tous ceux que nous avons déjà donnés restent valables.

© Éditions d'Organisation

---

1. Dans le numéro de mars -avril 1996 de la *Harvard Business Review*, dans l'un des articles consacré à la gestion des aptitudes intellectuelles en entreprise, les auteurs précisaient **« que la capacité à gérer l'intelligence humaine – et de la transformer en services et produits utiles – devait rapidement devenir l'objectif crucial des cadres de notre époque »**.

Nous avons tout à fait conscience que le principal écueil, à ce stade, est le risque de rendre l'autre encore plus dangereux. Fort heureusement tous les harceleurs n'ont pas des pathologies graves et même si certains ont des troubles de la personnalité, ils ne sont pas tous pour autant des pervers. Nous pensons, en particulier, à tous ceux à qui l'on a confié un pouvoir et dont on légitime l'action implicitement par le silence et le non-dit. C'est le cas, en particulier des « petits chefs », de tous ceux qui se considèrent comme tels ou qui se sentent investis d'une « mission » quand l'autorité est absente ! Toutefois, si votre agresseur, devenait plus violent, il serait alors indispensable de suivre les différents conseils que nous préconisons dans la phrase suivante (*cf.* la phase active du harcèlement).

Sachez dire « non » dès le départ et ne tombez pas dans le rapport « domination-soumission »

Le harcèlement débute toujours par une phase de manipulation délicate à repérer pour le sujet qui en est la cible. Elle est similaire à cette relation qui s'instaure entre le gourou d'une secte et ses adeptes : sous des apparences tout à fait convenables, celui-ci a pourtant commencé à manipuler la réalité.

Pour éviter de tomber dans le piège de cette manipulation insidieuse, nous vous proposons un certain nombre de suggestions :

- Si quelqu'un vous suggère d'adopter tel comportement ou de penser de telle façon, le tout, sans la moindre argumentation – et que cela vous heurte – vous êtes probablement face à une tentative de manipulation de sa part. S'il ajoute que vous êtes libre d'accepter ou pas ce qu'il vous demande, dites-vous bien que le processus a déjà commencé (notamment si ce type de comportement se répète).

« Je vais vous demander de bien vouloir rester un peu plus tard ce soir parce que j'ai un dossier à finir et j'ai besoin de votre aide. N'oubliez pas que c'est moi qui suis responsable de votre promotion ». Evidemment, si vous ne pouvez pas rester ce soir, ça ne fait rien... »

Dans cet exemple, vous pouvez refuser en vous servant de la dernière proposition de votre interlocuteur comme d'un argument : « Justement, comme vous me le suggérez, ce soir ça ne sera pas possible et j'en suis sincèrement désolé ». La question du message inférentiel « n'oubliez pas que je suis responsable de votre promotion » sera traité dans le conseil suivant.

Parfois cette phase de manipulation peut être beaucoup plus subtile : elle n'en est que plus dangereuse ! Ce sont toutes les situations où l'agresseur place l'autre dans une situation de soumission – voire de véritable dépendance – sans que ce dernier s'en rende compte.

Une aide ponctuelle s'était transformée en habitude car aucune limite n'avait été posée

Une jeune femme à qui son supérieur avait demandé un soir de rester à son poste pour l'aider à traiter un certain nombre de dossiers en cours, avait accepté. Mais ce qui devait être ponctuel – son manager le lui avait, en effet, précisé – devint progressivement une habitude et elle en vint au bout de quelques mois à dépasser son horaire hebdomadaire de plus de 10 heures. Ses collègues avaient beau lui faire remarquer qu'elle était la seule à travailler autant, elle ne semblait pas prendre conscience de ce qui était en train de se passer. Elle commença même à critiquer tous ceux qui étaient « si près de leur montre » (« on est quand même pas des fonctionnaires » disait-elle souvent).

Un soir, elle fut dans l'obligation de quitter son poste beaucoup plus tôt que prévu. Elle ne s'attendait pas à ce que sa demande lui soit refusée : « Vous n'allez pas me laisser tomber aujourd'hui » lui avait répondu son

191

manager. C'est au moment-même où elle comprit que tous ses efforts précédents n'avaient pas de retombées, qu'elle décida de reprendre son horaire traditionnel. L'annonce de ce revirement ne fut pas du goût de son manager qui critiqua sa décision en lui expliquant qu'elle le mettait dans un position difficile dont elle n'avait pas conscience. Elle lui répondit qu'il était sans doute nécessaire d'embaucher une collaboratrice supplémentaire. Pour lui, cette question n'était pas à l'ordre du jour.

D'une communication qui avait été jusqu'ici assez « soft », il évolua très rapidement vers une attitude beaucoup plus incisive faite d'un mélange de mépris — « les femmes on peut vraiment pas compter sur vous ! » — et d'une utilisation massive de messages déstabilisants (cf. conseil suivant) voire menaçants : « En fait vous abandonnez parce que vous ne vous sentez plus compétente. Je ne sais pas si votre place est toujours parmi nous ».

Le processus de harcèlement avait commencé et n'allait d'ailleurs pas tarder à rentrer dans sa phase active ce qui fit dire à tous ses collègues — confondant, comme c'est souvent le cas, les causes et les conséquences — « qu'elle l'avait bien cherché ! »

*Quelle était donc la principale « erreur » de cette jeune femme ? D'avoir accepté d'aider son manager ? Bien que la réponse puisse paraître surprenante : certainement pas ! En revanche, **cette jeune femme aurait dû fixer des limites dès le départ.** Ainsi aurait-elle dû préciser la première fois qu'elle consentait à aider son manager, que son coup de main était ponctuel et qu'elle ne pourrait pas toujours être présente comme ce soir-là. Sa seconde « erreur » avait été de ne pas réagir dès que le phénomène était devenu habituel et, beaucoup plus grave, d'avoir attendu aussi long-temps pour le faire. Sans doute aurait-elle dû être aussi beaucoup plus attentive aux remarques de ses collègues.*

D'où nos recommandations :

- Si vous êtes la seule personne à qui on demande tel travail et que, *a fortiori*, ce n'est pas forcément le vôtre, expliquez-vous le plus rapidement possible avec le collègue qui vous l'a confié. Si la personne insiste, n'hésitez pas à lui rappeler la définition – et les horaires – de votre poste !

- Tentez d'obtenir de lui des réponses concrètes fondées sur des faits (« *vous êtes la seule personne qui possédez cette compétence* », etc.) et non des sentiments qui ne sont, bien souvent, qu'une tentative de manipulation (« *Parce que je vous aime bien* », « *parce que je sais que vous faites toujours du bon travail* », etc.).

- Si vous êtes « émotionnellement » touché par votre interlocuteur qui se sert d'un argument de votre vie personnelle (« *je sais que vous êtes célibataire, vous pouvez bien me donner un coup de main ce soir* »), fixez des limites immédiatement et précisez-lui (avec calme et sans agressivité), que votre vie personnelle n'a pas à être évoquée à un niveau professionnel.

- Ne mettez jamais l'autre en difficulté (parlez seul à seul avec lui) et ne confondez pas son problème (il est surchargé de travail) et le vôtre (vous n'êtes pas là pour résoudre son déficit organisationnel). De ce fait, si vous souhaitez lui apporter un conseil – avec toutes les limites que cela suppose – faites-le en connaissance de cause en faisant reposer votre argumentation sur des faits (du concret) et non des opinions (personnelles).

Si votre agresseur vous délivre des messages inférentiels ou paradoxaux, cherchez à en savoir plus et pointez-les

Les messages inférentiels sont des propositions qui ne sont pas clairement explicitées. En communication, il existe deux grands types d'inférence. La première est dite « logique » : ainsi quand on dit, à titre d'exemple que Pierre est plus grand que Paul, on peut aisément conclure que Paul est plus petit que Pierre. En revanche, si votre interlocuteur vous délivre le message suivant : « *tu travailles vraiment comme mon ancienne collègue !* », on ne peut rien déduire du moins de façon certaine. Seul le ton employé par votre interlocuteur sera susceptible de vous fournir un indice. Est-il en train de vous faire un compliment ou veut-il exprimer son mécontentement ? Mais les messages inférés ne sont pas seulement verbaux. Certains relèvent, en effet, de la communication dite « non verbale ». Quelqu'un qui hoche la tête ou qui soupire en vous regardant mais sans rien vous dire exprime bien quelque chose mais sans se servir des mots[1].

Quel que soit le cas de figure auquel vous êtes confronté (message verbal ou non verbal), demandez à votre interlocuteur la signification de ce qu'il veut dire. Jouez au naïf et expliquez-lui que vous n'avez pas compris. Si l'autre est suffisamment pervers pour continuer et qu'il vous répond de façon laconique : « *justement, ça ne m'étonne pas* », répliquez lui *ipso facto* que justement vous aimeriez bien comprendre. Faites-le bien sûr sans agressivité !

S'il s'agit d'un injonction paradoxale – où on exprime le tout et son contraire dans la même proposition – pointez la contradiction et demandez à votre interlocuteur de vous expliquez ce que, bien évidemment, vous avez un peu de mal à saisir ! : « *Je vous aime bien ma petite Nicole mais je ne sais pas si je vais vous garder* ». Une série d'injonctions paradoxales peut très facilement bloquer un sujet dans une situation et l'amener à une série de symptômes pathologiques (cela est particulièrement vrai chez l'enfant !).

© Éditions d'Organisation

---

1. N'adhérez toutefois pas à cette croyance qui voudrait que chaque comportement ait une signification et une seule. La signification d'un comportement n'est **jamais** univoque.

Ces façons de réagir sont efficaces, d'abord parce qu'elles montrent à votre « harceleur » (bien que nous ne soyons qu'en début du processus) que vous n'êtes pas dupe de son jeu. Il vous manipule, vous le savez et sans le dire directement vous le montrez. Ensuite parce qu'elles vous évitent de vous laissez entraîner dans une spirale où vous allez commencer à douter de vous et de vos compétences. Et le phénomène est d'autant plus rapide que les messages de cette nature sont fréquents.

Si, par exemple, on vous dit : « *faites ce que je vous ai demandé hier soir* » et que vous restez silencieux en cherchant justement à savoir de quoi on peut bien vous parler, il y a de grandes chances pour que vous commenciez à douter de certaines de vos aptitudes : « *Flûte, je perds la mémoire* ». Or, il est tout à fait possible que l'autre ne vous ait rien demandé. Pour éviter ce genre de comportement, posez-lui donc la question directement : « *Vous pouvez me rappeler de quoi il s'agit ?* » Cette question a d'autant plus d'importance que si la personne ne vous répond pas, vous pourrez toujours le lui rappeler le moment venu !

Toutefois, si la question est importante, la forme l'est encore plus et pour éviter que de simples questions de votre part, ne se transforment en conflit, n'hésitez pas à vous inspirer des quelques règles suivantes :

- Quand vous interrogez votre interlocuteur, ne le mettez jamais en difficulté, en particulier devant autrui. Si tel était le cas, il ne vous le pardonnerait jamais. Il est, en effet, beaucoup plus facile de s'exprimer à deux qu'en compagnie de plusieurs témoins.

- Quand vous vous exprimez, utilisez toujours de « vraies » phrases interrogatives : vous cherchez uniquement à en savoir plus, c'est tout. Par exemple, ne dites surtout pas : « *vous n'êtes pas clair quand vous me parlez* »

195

mais plutôt : « *Puis-je vous demander ce que vous voulez dire* ». Ne lui tendez pas la perche en vous mettant dans une position de soumission, votre interlocuteur pourrait s'en servir à son avantage. Si vous dites ainsi : « *Excusez-moi, je n'ai pas compris ce que vous venez de me dire* », certains seront suffisamment pervers pour vous répondre : « *Ca ne m'étonne pas de vous* ». Avant que cet échange ne se transforme en joute oratoire voire en véritable pugilat, ne perdez pas votre calme et demandez-lui, avec le sourire, de vous expliquer !

- Ne montrez jamais la moindre agressivité, ni le moindre agacement. La maîtrise de soi est toujours désarmante pour autrui – et en particulier face à ce type de personnage – mais prenez garde de ne pas adopter un comportement qui puisse le rendre lui-même agressif. Si vous souriez un peu trop pendant vos questions, faites attention à la personne qui est en face de vous. S'il possède une structure paranoïaque, il risque d'interpréter ce sourire comme une moquerie et de vous en vouloir !

Pour résumer ce premier conseil :
Clarifier systématiquement tous les messages que vous ne comprenez pas. Faites-le de la manière la plus neutre qui soit : vous constaterez que c'est efficace !

Restez calme et sachez réagir à bon escient

Restez calme : certaines situations auxquelles est confrontée la victime peuvent lui paraître d'une telle malhonnêteté qu'elle peut être tentée de réagir de manière un peu trop « vive ». C'est d'ailleurs bien souvent ce que recherche l'autre qui pourra ensuite se servir de ce comportement – qu'il qualifiera d'agressif – pour légitimer le sien. Il s'agit sans doute du conseil le plus délicat à suivre puisqu'il sera indispensable d'apprendre à rester calme devant tout un ensemble de comportements – ironie, sarcasme, mépris, etc. – qui pousseront la victime à justement ne pas l'être. Parfois, l'humour peut être d'un grand secours même s'il est préférable de ne pas trop l'utiliser notamment quand on est face à certaines personnalités (un paranoïaque risque de l'interpréter comme étant du sarcasme !).

Réagissez : rester calme ne signifie nullement qu'il faille rester inactif. Rester calme signifie d'une part apprendre à maîtriser ses émotions – comme l'agressivité par exemple – qui ont tendance à obscurcir les fondements de la raison mais c'est aussi apprendre à réfléchir avant de passer à l'action. Dans cette perspective, s'il faut agir vite, il faut le faire avec discernement. La victime va parler à son agresseur mais elle va le faire en suivant un ensemble de conditions que nous avons déjà énoncées :

- Elle va d'abord lui demander s'il a un moment à lui consacrer. S'il refuse – et le phénomène est fréquent – elle choisira le moment opportun pour lui parler dans des conditions optimales. En d'autres termes, elle sera dans l'obligation de susciter la rencontre mais avec une seconde condition.
- Il faut à tout prix que l'échange se fasse à deux, sans aucune autre personne présente. Il s'agit d'une condition *sine qua non* qui évitera ce que l'on pourrait appeler un « règlement de comptes » devant témoins toujours préjudiciable pour la victime.
- Il sera également indispensable de ne pas « menacer » votre interlocuteur. Les conséquences seraient, en fonction du profil de personnalité de votre agresseur, tout à fait désastreuses. Vous êtes là pour vous entretenir avec lui et pour mettre les choses éventuellement au point.

A sa grande surprise, André fait cesser le harcèlement, le jour même où il en parle à son harceleur

J'ai rencontré André B. lors d'un anniversaire, chez une amie. Elle me l'avait présenté en début de soirée en disant qu'il souhaitait s'entretenir quelques instants avec moi au sujet d'un problème auquel il était confronté. Elle lui avait déjà parlé de mon activité. Après que nous nous soyons éloignés des autres invités, il m'expliqua qu'il avait besoin de quelques conseils pour mettre fin à ce qu'il appelait un « problème relationnel ». Le détail de son histoire me démontra rapidement que nous étions bien au-delà d'un simple conflit entre personnes et qu'il s'agissait bien d'un processus de harcèlement, une analyse dont je lui fis part.

Depuis plusieurs semaines déjà, André était le bouc émissaire de l'un de ses collègues. Brimades, moqueries, plaisanteries malsaines étaient deve-nues sont lot quotidien. Tout le monde, au niveau de son service, était témoin de la situation mais semblait sous-estimer la violence qu'il subissait : la plupart d'ailleurs avait pris le parti d'en rire. Le harceleur d'André — rugbyman amateur à ses heures — en était même venu à lui donner un coup sec sur la tête à chaque fois qu'il passait derrière lui, « pour le taquiner » disait-il, sans la moindre raison. André avait beau pro-tester, cela n'empêchait nullement son collègue de continuer. Un jour qu'il s'était défendu avec un peu plus de vigueur que d'habitude, son collègue le traita même de « chochotte » au grand plaisir de tous ceux qui avaient été témoins de la scène. Quand il acheva son histoire, j'étais face à un homme abattu et très ému par la situation qu'il venait de me décrire.

Je lui précisais d'emblée que des conseils ne seraient sans doute pas suffisants dans son cas : le harcèlement était, en effet, dans sa phase active, par conséquent, un peu trop avancé. Après m'avoir posé quel-ques questions sur l'expérience que j'avais dans ce domaine, il me demanda si je pouvais l'aider. Je ne lui répondis pas sur l'instant préfé-rant lui donner rendez-vous à mon cabinet pour pouvoir réfléchir entre temps. Quand nous nous sommes revus, la motivation d'André à se faire aider était toujours aussi forte, et je répondis favorablement à sa demande. Nous nous sommes mis d'accord sur un suivi personnalisé sous la forme d'un « coaching ».

Le détail serait trop long à décrire ici mais après nous être mis d'accord sur un certain nombre de conditions pratiques (fréquence des séances, objectifs, etc.), nous avons identifié toutes les situations auxquelles André était confronté et qui lui posaient problème. Nous nous sommes ainsi rencontrés pendant plusieurs semaines et pour le préparer à affronter la situation qu'il vivait à son travail, nous avions convenu d'utiliser la technique du « psychodrame » et celle du « jeux de rôles ». Même si ce genre de situation n'était pas très facile à vivre – je pouvais jouer le rôle de son agresseur mais aussi le sien – André fit rapidement des progrès. Au bout de quelques semaines il regagnait un certaine vitalité ainsi qu'une meilleure estime de lui-même. Ce suivi était d'autant plus difficile que lorsqu'il regagnait son poste de travail, il était de nouveau confronté à son agresseur. Je lui avais toutefois suggéré de ne rien tenter avant qu'il ne se sente prêt, ce qui fut d'ailleurs le cas peu de temps après. « De toute façon, il fallait que tout cela s'arrête » m'avait-il précisé ce jour-là.

Il avait donc décidé de rencontrer son collègue. Il savait qu'il aurait quelques difficultés à le voir seul à seul. Ce n'est pas dans son bureau qu'il le vit mais... dans les toilettes. Même si la situation n'était pas orthodoxe, elle avait au moins le mérite de rendre son interlocuteur relativement inoffensif pendant quelques minutes (debout devant l'urinoir, il avait les mains occupées !). Le seul inconvénient, c'est qu'il ne le voyait que de dos. Il était allé droit au but et n'avait d'ailleurs pas laissé son collègue s'exprimer. A la limite de l'injonction paradoxale, il lui avait tout simplement « conseillé » de continuer le comportement qu'il avait à son égard en lui précisant « qu'il aurait une surprise la prochaine fois que cela se produirait ». Pendant qu'il s'adressait à lui, il était resté tout à fait calme mais le ton était ferme. Ce n'est qu'en regagnant son bureau qu'il avait senti, après coup, les manifestations de sa peur : il se mit ainsi à trembler tandis qu'il sentait son cœur battre à la chamade. Il eut toutefois à l'égard de son collègue un comporte-

ment qu'il n'aurait peut-être pas du avoir : juste avant qu'il ne quitte les toilettes, il l'avait légèrement poussé afin de lui faire perdre l'équilibre. Il avait ensuite rejoint son bureau sans même se retourner.

Pendant les minutes qui suivirent, André éprouva une telle peur des conséquences de son acte, qu'il en vint même à le regretter. Quand son collègue revint s'asseoir sans un mot, il eut toutefois la force de lui demander si « tout s'était bien passé ». Il ne lui répondit pas se contentant de le foudroyer du regard. Et le harcèlement, à la surprise d'André qui n'y croyait pas, pris fin ce jour-là.

Tous les harcèlements, et loin s'en faut, ne se terminent pas d'une façon aussi simple et aussi rapide, en particulier quand ils sont aussi avancés mais dans les propos d'André j'avais, il me semble, saisi que son harceleur était beaucoup plus bête que véritablement méchant même s'il en était venu à des comportements pervers et des passages à l'acte. Pourquoi André était-il harcelé ? Je ne saurais véritablement le dire même s'il me reste en tête une hypothèse : le collègue d'André était rugbyman amateur. Il m'avait été décrit comme un personnage extraverti « petit, trapu et tout en muscles » – le stéréotype même de ce genre de sportif – et justement André était tout l'opposé : très grand, extrêmement mince et assez introverti. Sans doute, la physionomie plutôt « chétive » d'André avait-elle incité son collègue à le harceler.

Ne tombez pas dans le jeu trouble de la manipulation et ne cherchez aucune circonstance atténuante à votre agresseur

Si le harcèlement est un processus assez typique avec ses différentes phases, il ne signifie pas pour autant, qu'il soit aussi rigide et aussi compartimenté qu'on a bien voulu le supposer.

Il arrive ainsi que certains agresseurs, alors qu'ils ont engagé un processus de harcèlement, le stoppent subitement. Les raisons en sont diverses : il peut s'agir de quelqu'un à qui on a « remonté les bretelles ». S'il s'agit d'un cadre hiérarchique, il n'aura pas d'autre choix que de se calmer (momentanément). Lorsque la victime applique certains des conseils précédents, l'agresseur peut se sentir subitement démasqué et arrêter immédiatement.

Mais tout cela n'est qu'apparence et ne doit pas faire illusion à la victime ou aux témoins car l'agresseur reprendra tôt ou tard son comportement mais de façon plus dangereuse et plus destructrice qu'auparavant. C'est dans cet intervalle, où tout semble calme, qu'il faut être vigilant car beaucoup de victimes ont tendance à pardonner à leur agresseur, trouvant tout un ensemble de justifications pour légitimer son comportement. Mais si certaines d'entre elles concernent effectivement l'agresseur (« *il était sous pression, c'est normal* », « *avec le poste qu'il a, je comprends son comportement* », etc.), elles concernent également la victime elle-même (« *je l'ai peut-être mal compris* », « *je l'ai peut-être poussé à la faire* », etc.). C'est un peu le même type de justifications qu'utilisent certaines femmes battues qui, elles aussi, légitimeront le comportement de leur conjoint en disant : « *je l'ai certainement poussé à le faire* », « *je suis sûre que je l'ai énervé, il n'a pas eu d'autre choix* », etc.

Quoi qu'il en soit ne tombez pas dans le piège de l'absolution car le réveil pourrait être brutal. Il vaut mieux être prudent, l'expérience nous a très souvent montré que l'agresseur revenait tôt ou tard à la charge. Pour reprendre l'analogie de la femme battue et de son conjoint, il n'est pas rare que celui-ci promette à son épouse de ne jamais recommencer comme il n'est pas rare non plus que celle-ci lui pardonne jusqu'au jour où tout recommence !

Quant aux « circonstances atténuantes » auxquelles nous faisions référence, elles n'existent pas, même si certains agresseurs essayent d'en trouver pour légitimer leur comportement.

Après une phase d'accalmie, Sandra est de nouveau harcelée

Sandra T. est chercheur dans un laboratoire depuis un peu plus de 5 ans. C'est une femme agréable, toujours très calme, avec beaucoup d'humour. On lui a proposé un jour de travailler au sein d'un laboratoire pharmaceutique : « le chasseur de têtes » qui l'avait contactée l'avait convaincue de changer de société, les perspectives étant nettement plus avantageuses que dans son poste actuel.

Elle s'est ainsi retrouvée dans une équipe de chercheurs dont l'un d'eux, René, eut, dès le départ, un comportement agressif à son égard : « Je m'attendais à voir un homme » lui avait-il confié la première fois qu'il la vit. Sandra avait relativisé cette remarque sachant très bien que le milieu de la recherche était relativement machiste. Après une période assez trouble où son collègue faisait tout pour qu'elle commette des erreurs (il lui dissimulait certaines données et « oubliait » de lui confier certains documents, etc.) elle découvrit, un matin que l'une de ses bases de données était en partie détruite. Intuitivement elle sut que c'était René, mais n'ayant aucune preuve, elle ne préféra rien dire. Le comportement de son collègue devenant de plus en plus odieux, elle décida d'aller directement voir le chef de projet dont elle dépendait et qu'elle avait d'ailleurs rencontré lors de son recrutement pour lui expliquer la situation.

La pression constante dont elle avait été l'objet s'arrêta subitement. Elle fit bien sûr le lien de cause à effet. René vint même lui présenter ses excuses qu'elle accepta sur l'instant. Le comportement de son collègue changea du tout au tout. Il devint aimable, il lui apportait même le café le matin. Certes, parfois, il lui arrivait de perdre patience, quelques

« indélicatesses » lui échappaient encore mais Sandra ne s'en offusquait guère et bien qu'elle en fut l'objet, elle ne lui en tenait pas rigueur. Le comportement de son collègue dura ainsi pendant plusieurs mois jusqu'à ce qu'il y ait un profond remaniement au sein du département. Le chef de projet qu'elle était allée voir obtint un autre poste et on nomma à sa place une femme, américaine d'origine, médecin tout comme elle.

Du jour au lendemain, René redevint extrêmement agressif et la critiqua de nouveau dans son travail. Quand elle fit référence à l'épisode de la base de données, il fit mine de ne pas comprendre et la traita de « paranoïaque ». Un jour, il lui renversa volontairement son café sur son ordinateur et ses papiers. Sandra finit par craquer et se comporta comme une furie avec son collègue qui, ce jour-là, demeura extrêmement calme. Elle décida de se rendre chez sa nouvelle responsable qui relativisa son histoire et lui demanda de régler la situation elle-même. Mais le plus dur me confia-t-elle, c'est que son collègue se servait vis-à-vis d'elle de tout ce qu'elle avait pu lui raconter de sa vie (« Ça ne m'étonne pas que tu bosses comme une folle avec le crédit que tu as à rembourser pour ta maison ! »).

> **Quand le harcèlement est bien avancé, en phase active, bâtissez une stratégie concertée.**

Si certains agresseurs peuvent revenir en arrière sous la pression et se calmer – du moins pour un temps – d'autres vont poursuivre leur travail de destruction. Cela dépendra étroitement, de la structure de leur personnalité voire de leur pathologie mentale.

Les conseils qui vont suivre se situent dans le prolongement des précédents mais avec une nuance : il ne s'agit plus ici simplement de se protéger (ce qui implique que c'est l'autre qui agit), il s'agit de se défendre activement, en adoptant soi-même une position dynamique.

On vous harcèle ? Ne tentez pas le diable !

Il existe des personnalités dont il est préférable de ne pas trop s'approcher car elles possèdent une structure qui les rend pour ainsi dire imperméables à toute action contre eux.

Comment les reconnaître ? On peut dire, avec toutes les réserves nécessaires, que si votre interlocuteur n'a pas compris, par vos remarques, qu'il était en train de vous manipuler et, maintenant, de vous harceler, il y a de grandes chances pour qu'il souffre d'un trouble grave de la personnalité ! S'il s'agit de l'un de vos collègues et que votre supérieur lui a dit d'arrêter, on peut supposer que s'il continue à vous harceler, la pathologie mentale est un fait pratiquement avéré.

Si tel est le cas, il ne faut surtout pas pousser votre interlocuteur à adopter à votre égard des comportements qui puissent vous être préjudiciables. Prenons l'exemple d'une structure de personnalité paranoïaque. Ce type d'individu est relativement méfiant, psychorigide et a tendance à interpréter de façon fausse son environnement.Devant de telles caractéristiques, il est vivement conseiller de :

- ne jamais le critiquer directement ou pire, de ne jamais faire de remarques générales telle que « *Vous ne trouvez pas que certaines personnes ne sont pas à leur poste ?* » car même si vous parlez de quelqu'un d'autre, il le prendra nécessairement pour lui. Dans ce cas, il suffira tout simplement de nommer la personne dont vous parlez pour lever toute équivoque ;

- ne jamais utiliser l'humour. Ce type de sujet n'en n'a généralement pas et pourrait d'ailleurs très facilement le confondre avec du sarcasme (il faut reconnaître que dans le cadre d'un harcèlement, on est rarement tenté d'en faire !) ;
- si vous voulez vous défendre n'hésitez pas à vous servir des règlements, de la loi, de la législation. Tout ce qui est lié à la loi fascine ce type d'individus ;
- et enfin, essayez de ne pas trop vous identifier à votre « harceleur » : s'il est paranoïaque, ce n'est pas une raison pour le devenir à votre tour !

Préférez l'action concertée à la stratégie individuelle

Quand un harcèlement est dans sa phase active, en d'autres termes, quand il est bien avancé, il est extrêmement difficile de s'en sortir. Certes, on peut toujours aller voir l'un de ses responsables voire monter un peu plus haut dans la hiérarchie de l'entreprise mais quel sera finalement l'impact de cette décision ? La probabilité que l'on vous croit est assez faible et nous avons même l'impression qu'elle est inversement proportionnelle à la position qu'occupe le collaborateur au sein de sa hiérarchie (Il semblerait qu'on soit plus enclin à croire un manager qu'un simple employé).

Les stratégies individualistes sont donc, dans la plupart des cas, vouées à l'échec. Les personnes qui sont vos interlocuteurs du moment ne sont d'ailleurs pas à blâmer : les témoignages reposent souvent sur des convictions et rarement sur des faits et pourquoi devrait-on forcément vous croire. C'est pour cette raison que nous vous suggérons une stratégie fondée sur le témoignage collectif. Plusieurs personnes qui décident de se réunir pour décrire une situation de harcèlement ont beaucoup plus de chances d'être écoutées qu'une personne seule.

Réunir différentes personnes pour aller parler d'un sujet aussi « sensible » n'est pas aussi facile qu'on peut le penser même si cette stratégie, lorsqu'elle est mise en œuvre, donne des résultats très probants (même quand il s'agit d'un harceleur manager).

Quand nous parlons de réunir « plusieurs personnes », nous voulons parler de celles qui ont eu à subir ce type de comportement – les harceleurs n'en sont habituellement pas à leur premier coup d'essai – et non pas aux simples témoins qui, généralement, manquent de courage dès lors qu'il est question de témoigner. Que la victime actuelle n'ait pas l'ambition de réunir les personnes témoins de son martyr mais uniquement celles qui sont susceptibles de la comprendre. Tout ne se fait pas en un jour mais il reste dans l'âme des anciennes victimes[1] un tel regret de ne pas avoir su réagir que certaines d'entre-elles – celles qui n'ont pas été totalement détruites – saisissent l'opportunité de le faire et il suffit que deux personnes soient prêtes à témoigner pour qu'elles soient immédiatement rejointes par d'autres.

Nous avons souvent observé que les décideurs au sein de l'entreprise étaient loin d'être réticents à cette façon de procéder, pour plusieurs raisons. La première est qu' on leur ôte un doute de l'esprit car on leur apporte la certitude que le problème existe bien. La seconde concerne le « service rendu » : « remercier » une brebis galeuse rend service non seulement aux victimes (ou aux anciennes victimes) mais aussi à l'organisation elle-même. Dans les cas que nous avons personnellement suivis, la résolu-

---

1. Nous pensons en particulier à toutes celles qui ont vécu ce type d'expérience dans d'autres sociétés que celles où elles exercent actuellement.

tion du problème a eu un effet extrêmement bénéfique sur l'image des sociétés : une reconnaissance de l'ensemble des collaborateurs à propos du courage de leurs dirigeants d'avoir pris la décision de licencier un harceleur. Une petite ombre au tableau : rares sont ceux qui penseront à remercier les personnes qui ont eu, elles aussi, le courage de témoigner !

Des faits et non des sentiments, des preuves et non des allégations

La principale difficulté quand une victime est confrontée à un processus de harcèlement est d'apporter des **preuves** concrètes qui puissent jouer en sa faveur. Or, la majorité des victimes ont tendance à baser leur argumentation exclusivement sur des dimensions psycho-affectives (« *je perds pied quand il me regarde* », « *il a le regard assassin* », etc.). Même si cela n'est pas facile il est indispensable de prouver l'existence de tous ces petits faits qui ne sont rien pris séparément – notamment pour une personne extérieure – mais qui associés les uns aux autres un peu à la façon d'un puzzle, donnent une soudaine consistance à l'ensemble et expliquent bien des choses.

La principale difficulté, c'est que les personnalités pathologiques (pervers, paranoïaque, etc.) sont généralement des individus intelligents. Ils sont assez malins pour ne pas se faire prendre. Mais ils ont aussi une faiblesse : celle de surestimer leur intelligence et de supposer que les autres sont beaucoup moins intelligents qu'eux. C'est cette faiblesse qui leur fait commettre des erreurs qui peuvent leur être fatales.

Dans le film « Harcèlement « de Barry Lewinson avec Kirk Douglas qui joue le rôle de Tom et Demi Moore, celui de Meredith, on voit une femme d'affaires sûre d'elle qui n'a qu'une ambition, détruire Tom son ancien amant. Elle l'accuse de harcèlement sexuel après lui avoir fait des avances qu'il avait refusé, croyant ainsi pouvoir l'éliminer. Tom se sert de son intelligence et finit par découvrir un enregistrement qui le disculpera de cette accusation. Meredith a sous-estimé l'intelligence de Tom. Mais elle veut encore le détruire, elle le sous-estime un fois de plus et commet une autre erreur : celle de confier à son proche collaborateur, lors d'une séance de sport au sein de l'entreprise, le détail de la stratégie qu'elle prépare afin d'évincer Tom pour incompétence. Celui-ci surprend par hasard cet échange, ce qui lui permet de retourner la situation une fois de plus à son avantage. Finalement Meredith est limogée de son poste et le film se termine par une anecdote où elle confie à Tom qu'elle se moque de ce licenciement : des dizaines de chasseurs de têtes l'ont déjà contactée pour d'autres postes. Une fin qui n'est peut-être pas aussi éloignée de la réalité qu'on pourrait le penser !

Profitez de ces « erreurs » pour les **noter par écrit.** Si cela est possible enregistrez vos conversations et bien que cette façon de procéder ne constitue pas une preuve, notamment au niveau pénal, il n'en demeure pas moins, qu'elle pourra troubler la personne qui écoutera la bande.

Comme le harceleur fera tout son possible pour vous pousser à la faute, n'hésitez pas à vous faire préciser par écrit toutes les instructions auxquelles il fait référence. Respectez-les et suivez également les consignes et les règles que l'on vous demande. Pour éviter que certains dossiers ne soient « égarés », prenez soin de les dupliquer ou de les apporter avec vous notamment si vous ne pouvez fermer votre bureau à clef.

C'est la convergence des données, fondées sur des faits aussi insignifiants soient-ils, qui permet de constituer des dossiers solides. La démarche pourra apparaître quelque peu procédurière mais elle est absolument nécessaire.

Quelles que soient les phases du harcèlement,
vous devez être irréprochable au niveau
de votre comportement et dans votre travail.

Tous les conseils précédents ne peuvent être pertinents que si la victime reste irréprochable tant au niveau de son comportement qu'au niveau de la qualité de son travail. Il n'est pas rare, en effet, que le harceleur se mette à rechercher la moindre faute chez sa victime allant même jusqu'à la pousser pour qu'elle en fasse. Il faut donc garder son sang-froid et éviter de commettre des erreurs.

8 | QUE PEUT-ON ATTENDRE D'UNE ASSISTANCE ET D'UN SUIVI PSYCHOLOGIQUE ?

UNE PERSONNE SUBISSANT UN HARCÈLEMENT a besoin d'aide. Nous avons expliqué les raisons pour lesquelles elle ne pouvait pas toujours en trouver à l'intérieur de l'entreprise (chapitre 4). Mais en plus la personne harcelée perd peu à peu confiance, d'abord en ses collègues qui ne veulent pas l'aider et dont certains l'accusent même d'être à l'origine de ce qu'elle subit, en certains de ses managers qui ne veulent pas intervenir et pour finir en l'organisation qui est vécue, pour reprendre, la terminologie de M. Klein, comme une « mauvaise mère ».

C'est pourquoi, nous examinerons ici trois types d'accompagnement possible : celui des psychologues et psychiatres, celui de l'environnement personnel proche et celui du coaching.

Prendre conscience d'un harcèlement, comprendre qu'il possible de s'en prémunir ou de le gérer en suivant une série de conseils met déjà la victime dans une perspective dynamique, bénéfique pour elle. Mais, dans certains cas cela ne suffit pas et cette approche doit être complétée par un accompagnement personnalisé.

© Éditions d'Organisation

Confrontée au harcèlement, la victime exprime sa souffrance à travers toute une série de troubles somatiques et psychologiques. Parfois, le conjoint ou les proches ne sont plus suffisants pour l'aider et elle ressentira le besoin, notamment si elle souffre de troubles divers, d'aller consulter son médecin-traitant.

Malheureusement, dans l'immense majorité des cas, le médecin se bornera à prescrire un antidépresseur accompagné, le cas échéant, d'un arrêt de travail en bonne et due forme. Même si cette prescription peut être légitime, elle ne doit pas leurrer le patient car si l'antidépresseur peut atténuer le symptôme (dépressif par exemple), il ne supprimera en aucune façon la cause (l'agresseur !). Et même si l'arrêt de travail permet à la victime de récupérer psychologiquement et de faire le point sur sa situation, ce n'est pas non plus une solution : comme sa durée est limitée, la victime devra tôt ou tard regagner son poste. De plus, quand elle sera de nouveau confrontée à son agresseur, elle risque de payer très cher son absence : certains harceleurs ne supportent pas en effet qu'on puisse leur échapper. Un « détail » que les praticiens ont trop souvent tendance à occulter !

Reste la solution du psychologue ou du psychiatre qui, en théorie, devraient être les personnes les plus qualifiées pour aider la victime d'un harcèlement. Encore faut-il savoir à qui s'adresser, car dans ce domaine où le meilleur côtoie le pire, on peut trouver toutes sortes d'individus. Dans les situations extrêmes, beaucoup sont tentés d'aller voir le « premier venu » sans savoir véritablement à qui ils ont affaire.

C'est pour éviter à certaines victimes de retomber dans les eaux troubles de la manipulation que nous commencerons par décrire quelles sont les spécificités des différents « psy ».

> *Sachez à qui vous avez affaire, avant de choisir qui peut vous aider.*

Attention, il existe de nombreux abus du côté de ceux qui se désignent par le seul terme de « psychothérapeutes »

À l'occasion d'une émission consacrée aux sectes, un journaliste évoquait la question des « psychothérapeutes » que l'on retrouvait souvent à l'intérieur de ces groupes et demandait à la psychologue présente sur le plateau ce qu'elle pensait du phénomène. La réponse fut sans équivoque : **la profession de « psychothérapeute » n'existe pas.** Comme il s'agit d'un titre non protégé chacun est libre de s'installer du jour au lendemain et d'indiquer sur sa plaque « psychothérapeute » sans posséder la moindre formation universitaire théorique et clinique. L'installation d'un « psychothérapeute » est ainsi semblable à celle des voyants, des mages et des marabouts (pour ne choisir que ces quelques exemples).

Depuis quelques années déjà, les psychothérapeutes se sont regroupés sous l'égide du syndicat national des praticiens en psychothérapie (SNPPSY) dont les adhérents considèrent que la formation théorique des psychiatres et des psychologues est inutile[1]. Ils se réclament ainsi d'une troisième voie « entre la médecine et la psychologie scientifique »[2] mais sans avoir,

© Éditions c'Organisation

---

1. Cette association s'inscrit dans la parfaite ligne de la Fédération Européenne de psychothérapie qui affirme que « médecins, psychiatres, psychologues, universitaires et psychanalystes, non seulement ne sont pas formés à la psychothérapie mais qu'ils seraient plutôt « déformés » par les formations qu'ils ont reçues ».
2. « *Profession psychothérapeute* » Buchet-Chastel, 1996.

pour la majorité d'entre eux de formation universitaire théorique et clinique très poussée[1]. Dans la pratique, ceux qui mentionnent uniquement leur « titre » de « psychothérapeute » le font essentiellement parce qu'ils ne sont ni psychiatre, ni psychologue (qui sont des professions réglementées)[2].

Devant l'absence de garantie – tant au niveau pratique que théorique – il nous apparaît donc tout à fait inquiétant qu'on puisse orienter les victimes d'un harcèlement vers ce type de « professionnels ». D'autant plus que la majorité d'entre-eux aura suivi une formation extrêmement brève (quelques semaines généralement) dans des instituts privés dont les critères d'admission sont assez « souples »[3].

Une formation pour les psychanalystes extrêmement sélective dont la durée varie entre 8 et 10 ans

La profession de psychanalyste n'est pas réglementée non plus. Il n'existe pas de « diplôme » mais des formations nombreuses et variées, pour la plupart ouvertes à tout le monde. La seule formation de psychanalyste qui soit reconnue en France et au niveau international est celle de la **Société Psychanalyste de Paris.** Pour y accéder, à quelques rares exceptions près, il est indispensable d'avoir une formation de psychiatre ou de psychologue clinicien, soit 5 à 8 ans pour cette formation de base.

---

1. Les critères d'obtention de leur « Certificat Européen » place la barre à un niveau dramatiquement faible puisqu'ils considèrent qu'il suffit, tout simplement, d'avoir le niveau... d'une licence en « Sciences Humaines », sans autre précision (Information extraite de leur bulletin interne « *Psychothérapie infos* »).
2. Entretenant ansi la confusion auprès du public qui n'est pas toujours à même d'opérer une véritable distinction entre les « psy ».
3. Il suffit la plupart du temps de s'acquitter d'une somme d'argent – généralement très élevée ! – faisant croire ainsi au futur « étudiant » que la formation est, bien entendu, très sérieuse !

Ensuite il est indispensable de faire une analyse personnelle car, comme le souligne fort justement Roger Perron, « *on ne saurait être analyste sans être soi même passé, longuement, par une telle expérience*[1]. Après ce travail sur soi qui ne saurait être inférieur à 3 ans, on peut demander à être admis en tant qu'élève par un institut de la SPP. On est alors reçu en entretien par 3 membres formateurs qui pourront soit refuser, soit ajourner soit accepter la demande. Dans ce cas, on devient élève de la SPP et on est admis à faire des analyses sous contrôle, c'est-à-dire sous la supervision d'un « formateur » (un analyste expérimenté) à qui on devra rendre compte chaque semaine. Cette supervision dure entre 2 et 4 ans en moyenne. Pendant ce temps l'élève aura également fréquenté des séminaires et des groupes de travail à la SPP. A un certain moment, il va demander la clôture de son cursus qui lui sera donné après un avis de la commission et sur la base de toutes les informations disponibles (rapport des superviseurs par exemple).

La formation entre le début de l'analyse personnelle et la clôture dure donc entre 8 et 10 ans auquel il faut ajouter la formation universitaire qui varie entre 5 et 8 ans. On est donc très loin de ceux qui s'intitulent « psychanalyste » du jour au lendemain sans avoir suivi de formation bien sérieuse (une analyse personnelle dans certains cas et quelques séminaires !) ou des fameux « psychothérapeutes » qui se présentent comme des spécialistes en psychothérapie au bout de quelques semaines de formation (dans le meilleur des cas !).

Les psychanalystes pratiquent une thérapeutique extrêmement longue. Or, dans le harcèlement la victime a besoin d'une aide immédiate. Il n'est donc pas conseillé d'aller consulter ce type de professionnel. Si vous décidez toutefois de vous rendre chez

---

1. Perron R. *Une psychanalyse, pourquoi ?* Paris, Inter-Éditions, 2000.

un psychanalyste pour une toute autre raison, nous ne saurions trop vous conseiller de choisir un psychiatre ou un psychologue et d'être extrêmement vigilant à propos des praticiens aux compétences prétendues multiples et variées (psychologue ou psychiatre + psychothérapeute + conseil conjugal + comportementaliste, etc.). La longueur des « spécialités » qui figure sur une plaque – ou un livre – n'est pas une garantie : au contraire, dans le domaine des psychothérapies, le fait d'être spécialisé dans un seul domaine est une première indication significative du niveau de compétence et de sérieux du praticien.

Les psychiatres sont des médecins qui peuvent prescrire des médicaments

Les psychiatres sont des médecins qui ont suivi une spécialisation en psychiatrie sur 4 ans et ils sont titulaires soit d'un CES (Certificat d'Études Spécialisées) ou maintenant d'un DES (Diplôme d'Études Supérieures). Ils ont suivi une formation en pharmacologie dans le cadre de la médecine et sont autorisés à prescrire des médicaments. Ils exercent soit dans le privé (pratique libérale), soit dans le public (pratique hospitalière). Le Conseil National des Médecins leur a permis, depuis peu, d' indiquer sur leur plaque la mention « psychothérapies », notamment pour mettre fin à des disparités régionales. Il existe de nombreux courants théoriques au sein de cette profession : une grande majorité d'entre eux sont psychanalystes, d'autres sont de simples prescripteurs[1].

© Éditions d'Organisation

---

1. Ils prescrivent des médicaments.

Les psychologues font partie d'une profession réglementée

Les psychologues comme les psychiatres font partie d'une profession réglementée ce qui signifie que l'usage de leurs titres est protégé par le code pénal et ses décrets d'application.

Les psychologues cliniciens bénéficient d'une formation qui peut varier de 5 ans à 8 ans. Pour porter le titre et pouvoir exercer soit dans le secteur public, soit dans le privé en pratique libérale, ils doivent obligatoirement posséder soit un DESS (Diplôme d'Études Supérieures Spécialisées) dans leur spécialité, soit un DEA (Diplôme d'Études Approfondies) accompagné d'un stage[1]. Certains peuvent avoir un Doctorat. Comme ils n'ont pas de formation médicale, ils ne sont pas autorisés à faire de feuilles de soins, ni, par conséquent, à prescrire des médicaments. Une grande majorité des psychologues sont également psychanalystes ou s'inspirent de la méthode (psychothérapies d'inspiration analytique).

Les psychologues comme les psychiatres peuvent avoir une pratique « psychothérapique ». Dans la majorité des cas, ils ont suivi une analyse personnelle de plusieurs années ainsi que différentes formations au sein d'institutions reconnues par leurs pairs. Ce travail sur soi est indispensable car il évitera au thérapeute de projeter sur son patient sa problématique personnelle[2]. **Mais si ces professionnels font des « psychothérapies », ils ne sont pas « psychothérapeutes » pour autant. Il ne faut pas confondre la pratique d'une part – c'est-à-dire l'utilisation d'une psychothérapie – et la fonction d'autre part – c'est-à-dire le statut (psychiatre ou psychologue) –.**

---

1. Après avoir obligatoirement suivi une licence et une maîtrise de psychologie.
2. Où en d'autres termes, cela l'empêchera d'attribuer à autrui toutes les questions personnelles qu'il n'aurait pas résolues (sans ce travail sur lui).

Il est donc préférable d'aller consulter un psychologue ou un psychiatre d'autant plus « *qu'il existe maintenant* – comme le souligne M.F. Hirigoyen – *toutes sortes de thérapies qui peuvent séduire en promettant une guérison plus rapide mais dont le fonctionnement est très proche de celui des sectes* »[1]. Et l'on ne peut pas sous-estimer le risque qu'encourt la victime dès lors qu'elle décide de consulter des personnes insuffisamment formées – comme les « psychothérapeutes » – qui ont la fâcheuse tendance à utiliser tout un ensemble de méthodes, rapidement acquises, et dont le credo est bien souvent la manipulation mentale (PNL, hypnose, rebirth, etc.).

Que faut-il en plus de la garantie de la formation ?

Le fait d'aller consulter un psychologue, un psychiatre – ou, le cas échéant, un psychanalyste quand il possède l'une ou l'autre de ces formations – offre des garanties solides mais sont-elles suffisantes ? Certes, avoir en face de soi un professionnel suffisamment formé est rassurant mais on a tendance à sous-estimer d'autres dimensions pourtant tout aussi importantes :

- La première concerne la relation « transférentielle » qui peut s'établir dès la première rencontre avec le praticien. Parfois « le courant passe », parfois non. Dans ce cas, il est préférable d'aller consulter quelqu'un d'autre ;
- La seconde concerne le sujet qui nous intéresse : le praticien a-t-il une expérience et une connaissance du harcèlement. En connaît-il les tenants et les aboutissants ? A-t-il déjà pris en charge des personnes harcelées ? Si ce n'est

---

1. M.F. Hirigoyen *Le harcèlement moral*. Syros. 1999. page 192

pas le cas, autant aller consulter un autre praticien. D'ailleurs s'il est un véritable professionnel, il vous orientera lui-même vers l'un de ses confrères.

- La troisième concerne l'aide que le praticien peut apporter à la victime et il faut distinguer d'emblée le praticien qui connaît ses limites de celui qui n'a pas pris la mesure de toutes les dimensions d'un harcèlement.

Le premier sait qu'il ne pourra jamais faire cesser le harcèlement : aussi se contentera-t-il de renforcer le moi de son patient grâce à un travail d'écoute et d'empathie, l'objectif étant de l'accompagner et de lui redonner un minimum de confiance et d'estime de lui-même pour qu'il puisse agir.

L'autre aura tendance à utiliser des théories implicites qui voudraient, par exemple, que le patient se soit volontairement mis dans cette situation, ou qu'il ait une propension à une certaine forme de masochisme. Il privilégiera donc l'analyse de la personnalité de son patient et sous-estimera non seulement l'impact de l'environnement mais aussi la manière dont son patient le perçoit.

Prendre appui sur son environnement personnel proche.

H. Leymann avait déjà identifié un ensemble de facteurs susceptibles d'aider le sujet à résister à un processus de harcèlement. Deux d'entre eux concernaient l'entourage et en particulier la considération et le soutien de celui-ci. Ce que nous appelons « environnement personnel proche » est l'ensemble des personnes qui nous entourent et avec qui nous avons tissé des liens étroits. Il s'agit, des membres de notre famille (le conjoint ou la compagne), des amis qui nous sont proches et dans certains cas des relations que l'on peut entretenir avec des personnes de son entourage professionnel. Comme le souligne H. Leymann : « *la reconnaissance de soi par les autres renforce l'équilibre mental et contribue à plus d'assurance* »[1].

Depuis très longtemps, on sait que le soutien de l'entourage est très important en cas de stress extrême. La victime perd très vite ses repères et elle a besoin qu'on lui rappelle des « évidences » la concernant, qu'elle n'est plus en mesure de voir. Ses proches devront – et qui d'autre pourrait le faire – lui témoigner une affection véritable, une compréhension de ce qu'elle peut vivre, « sans défense, ni armure » une sorte d'empathie pour qu'elle se sente entendue et comprise. Ses proches devront aussi lui rappeler que si elle vit aujourd'hui une phase colorée par le désespoir et le doute, il y avait aussi un « avant » c'est-à-dire une période où elle était appréciée pour ses compétences et ses qualités. Ils devront lui montrer que si le ciel est gris aujourd'hui, c'est parce qu'il y a des nuages et non parce que le soleil n'existe pas.

Les proches devront surtout apprendre à ne pas juger. Tant de gens le font déjà qu'ils finissent par culpabiliser la victime en lui faisant croire qu'elle est responsable de ce qui lui arrive !

C'est la principale raison qui nous incite à mettre en avant l'entourage personnel proche (la famille et les amis) et non l'entourage professionnel. **En effet, combien de fois avons-nous rencontré, au sein de l'entreprise, des gens incapables de discerner la cause de la conséquence.** Étaient-elles malhonnêtes pour autant ? Non, mais sans doute étaient-elles beaucoup trop impliquées dans la situation pour être vérita-

© Éditions d'Organisation

---

1. H. Leymann, *Mobbing, la persécution au travail*, Paris, Seuil, 1996.

blement objectives ? Une grande majorité des gens – et, en particulier, dans le domaine des Ressources Humaines – se comporte un peu de la même façon que la médecine classique : en prescrivant un traitement, elle ne fait que masquer le symptôme sans en rechercher la cause. En entreprise, quand quelqu'un devient subitement agressif, méfiant, etc., on se conduit exactement de la même façon : on le change de poste (c'est normal, il empoisonne la vie de tout le monde !), parfois on le licencie mais on cherche rarement à savoir l'origine de ce brusque changement de comportement. Au mieux, ceux qui essayeront d'identifier la cause d'un tel changement auront toujours en tête des théories implicites[1] qui voudraient que le facteur déclencheur soit toujours extérieur à l'entreprise (divorce, problèmes d'argent, de maladie, etc.) et jamais intérieur (un collègue ou un hiérarchique harceleur). Un aveuglement de plus, pourrait-on dire.

> *Pour un accompagnement personnel et individuel le recours à un « coach » peut être considéré comme une solution.*

Devant le faible impact des formations consacrées au management, certains cadres font désormais appel à un « coach », spécialiste qui les aide à améliorer leurs comportements dans des situations jugées difficiles à gérer, avec un ensemble d'objectifs bien définis et préalablement fixés. Bien que tout le monde puisse se transformer du jour au lendemain en « coach », il est préférable de choisir quelqu'un ayant, si possible, exercé ses talents en tant que cadre au sein d'une (ou de plusieurs)

---

1. Voir p. 108.

société(s) et connaissant bien les rouages de l'entreprise. Il est également recommandé que le coach ait suivi une analyse personnelle suffisamment longue, afin qu'il ne confonde pas sa problématique personnelle avec celle du coaché. **Enfin, si la philosophie du coach repose sur des concepts psychologiques, il est préférable d'avoir affaire à un psychologue ou un psychiatre.** Nous avons souvent constaté que si les « coach » avaient, pour la plupart, une expérience significative de l'entreprise, ils possédaient en revanche des formations extrêmement réduites et curieusement similaires à celles des fameux « psychothérapeutes ». Il est aussi nécessaire que le coach connaisse bien les différentes phases du processus du harcèlement mais surtout qu'il ait su le traiter *in situ*, c'est-à-dire au sein même de la société où il se déroulait.

Il est, bien sûr, indispensable que le « courant passe » d'emblée entre la personne suivie et son coach. Quand on pose à ce dernier des questions sur sa pratique, il doit pouvoir répondre spontanément. La meilleure garantie consiste à lui demander le nom et les coordonnées des différentes personnes qu'il a suivies dans le cadre d'un harcèlement[1]. S'il n'est pas en mesure d'en fournir, il est préférable de changer de « coach » même s'il a pu préciser auparavant qu'il était « référencé » ou « agréé » par telle ou telle association comme « coach professionnel »[2].

Il n'est guère possible de décrire comment se déroule le suivi et l'accompagnement de la victime d'un harcèlement. Tout dépend de la société où il se produit, de la personne qui fait appel à ce type d'accompagnement (est-ce la victime ou une personne

---

1. Pour des questions de confidentialité, il est indispensable qu'il ait eu, au préalable, l'accord de celles-ci.
2. Ce qui est loin, en effet, d'être une garantie.

extérieure ?), de celle qui règle les honoraires mais aussi de l'investissement de la victime dans un processus qui sera généralement assez long. Un coaching, dans le cadre d'un harcèlement, peut durer de quelques semaines à quelques mois (à raison de deux rencontres par semaine, de deux heures chacune en moyenne). Et même quand les deux parties estiment que le travail est terminé, le coach a le devoir de suivre la personne en prenant directement de ses nouvelles pendant l'année qui suit.

Même si aucun suivi n'est identique, la victime doit obligatoirement retrouver dans la démarche de son coach des points que nous considérons comme tout à fait fondamentaux :

- Connaissance de l'entreprise et des hommes qui la dirigent (informations à un niveau économique financier et humain), de sa culture et de son mode de fonctionnement.
- Description de la situation (du service où se déroule le processus) et des hommes et des femmes qui y travaillent (responsabilités, types de relation, etc.).
- Identification des principales difficultés rencontrées.
- Détermination des objectifs et moyens mis en œuvre pour les atteindre (ex : jeux de rôles).
- Bilans réguliers (sous une forme orale et écrite).
- Modalités de suivi et durée de ce suivi (après la fin de la prestation).

La rencontre d'un coach et d'une victime ne débouche pas automatiquement sur un suivi et un accompagnement. Si celui-ci juge que le processus est trop avancé, il peut très bien refuser ; de même, la victime peut considérer que la démarche ou le coach ne lui conviennent pas.

Evidemment le coach doit avoir une éthique irréprochable. Il convient d'être prudent devant ceux qui parlent d'éthique sans raison. Mieux vaut se renseigner auprès des personnes dont il s'est déjà occupés et ne pas hésiter à leur demander si, confrontés à la même situation, ils feraient de nouveau appel à lui. La spontanéité des réponses – ou le silence – renseignent vite sur le professionnalisme du coach.

> **Tirer parti des différents soutiens, dans un processus circulaire.**

Ces différents types d'accompagnement ne sont nécessaires que si la personne harcelée en éprouve le besoin. Ils ne sont d'ailleurs nullement exclusifs.

Cet accompagnement n'a pas d'autre ambition que de redonner confiance à la victime et de lui fournir un regain de force qui puisse l'aider à utiliser de la meilleure façon possible les conseils et les suggestions que nous avons présentés dans le chapitre précédent. L'effet est d'ailleurs extrêmement bénéfique : quand on a confiance en soi, on a tendance à utiliser plus facilement les conseils dont on dispose et plus on les utilise plus on aura confiance en soi (il s'agit, par conséquent, d'un processus circulaire).

Conclusion

Nous avons voulu montrer que le harcèlement n'était pas un processus inéluctable et s'il était possible d'agir à un niveau individuel – et, le cas échéant, de se faire accompagner à l'extérieur – il était indispensable que les représentants de l'entreprise agissent eux aussi dans ce que nous avons désigné comme étant une « éthique de la responsabilité ».

Nous avons ainsi montré que le processus de harcèlement était la résultante d'une série de facteurs dont le centre demeurait la culture managériale de l'entreprise : si des hommes et des femmes pouvaient effectivement devenir des agresseurs, c'est grâce au silence et à l'immobilisme de chacun et, en particulier, des dirigeants de la société. Que l'on n'ait rien vu ou que l'on n'ait rien voulu voir ou que l'on soit resté silencieux ne change rien à la réalité : chacun est complice et rien ne peut légitimer ce type de dérive pas même l'intérêt économique.

L'argument économique n'est en effet pas recevable car si certains harceleurs participent de manière significative au développement du chiffre d'affaires de leur entreprise, ils lui font également perdre beaucoup plus qu'on ne peut le penser. Si certains paramètres sont difficilement quantifiables – comme une mauvaise ambiance avec toutes ses conséquences – il serait temps de s'intéresser à d'autres indices. Il faudrait par exemple évaluer financièrement le coût d'une démission ou d'un turn-over trop élevé et de tous ces « dysfonctionnements » qui constellent les organisations. Ceux-ci étant souvent – quand on veut bien s'y intéresser – le résultat d'une violence sournoise, implicitement légitimée et considérée même par certains comme de véritables techniques de management.

Mais si cela coûte cher à l'entreprise, le coût financier est tout aussi élevé pour la collectivité (arrêts-maladie, médicaments, hospitalisations, etc.). Une dermatologue nous expliquait que 90 % de sa clientèle souffrait de pathologies fonctionnelles dont l'origine était très souvent liée à des tensions excessives sur le lieu de travail. Il serait temps d'évaluer objectivement ces différents coûts et ne plus les passer sous silence.

Il ne faut pas oublier que l'entreprise n'est rien d'autre qu'une société en miniature avec les mêmes faiblesses, les mêmes trahisons et une philosophie parfois similaire. Il n'y a pas plus de souffrance ou de violence dans l'entreprise – ou plus de pathologies – que dans la société en général. Ce que nous pouvons observer par le biais des médias peut, en effet, être facilement transposable et s'il existe des lâchetés et du laxisme au niveau de la société en général, on retrouve le même phénomène à l'intérieur des organisations. Ainsi la violence que l'on nous montre chaque jour dans les médias est banalisée comme s'il elle était une fatalité, un sentiment bien souvent partagé par les victimes des agresseurs à l'intérieur des organisations.

Mais ce n'est pas une fatalité même si nous avons pratiquement tous succombé au règne de la pensée unique mais aussi à ce terrible fléau qu'est l'individualisme forcené et ce qui lui est associé : la recherche du pouvoir, de l'argent, de tout ce qui a trait au plaisir narcissique. Nous voulons toujours plus et par n'importe quel moyen. Pourrons-nous continuer ainsi très longtemps ?

Chacun a bien conscience que le lien social se fissure – le harcèlement en entreprise n'en n'est qu'un banal symptôme – et certains en évoquent spontanément la raison : nous avons perdu nos repères. Nous avons surtout oublié ce qu'était l'éthique et c'est bien cette dimension qu'il faut reconquérir. Même si notre ambition semble naïve, il est pourtant du devoir de tous ceux qui y croient encore, de la défendre, de la développer, de la faire vivre.

A travers cet ouvrage, nous avons voulu montrer qu'il était possible de prévenir le harcèlement, de le gérer et parfois même de le neutraliser encore faut-il que la « philosophie » qui règne au sein des sociétés ne soit pas là pour l'attiser voire le pérenniser. Il est de la responsabilité de chacun – en particulier des dirigeants – d'agir et d'avoir une vision claire de ce que pourra être l'entreprise dans cinq ou dix ans. Lors de la fermeture de la Société Marks et Spencer, la Bourse de Londres, le lendemain matin accusait une hausse de 7 % à l'ouverture. La logique économique sera-t-elle toujours suffisante pour légitimer ce qui peut se passer à l'intérieur des organisations ? Une telle vision serait un peu limitée car, ne perdons pas de vue que si l'entreprise existe c'est essentiellement grâce aux hommes et aux femmes qui la composent – quels que soient leurs qualifications et leur statut – et qui y exercent leurs talents ou leurs compétences. Espérons que l'homme prendra conscience qu'il est possible de faire des affaires tout en respectant l'être humain. C'est encore une question d'éthique et de responsabilité.

Il me reste à remercier très sincèrement le lecteur d'avoir investi de son temps dans la lecture de cet ouvrage. J'espère que son contenu aura, le mieux possible, répondu à ses attentes et qu'il pourra l'aider non seulement dans sa vie professionnelle mais aussi quotidienne.

Christian Balicco
30, Rue de la Varenne
94100 Saint-Maur des Fossés
E-mail : cbalicco@club-internet.fr

Bibliographie

ANDRÉ C., LELORD F., *L'estime de Soi*. Paris, Éditions Odile Jacob, 1999.

BAUER M., PME, « Un patronat aux trois visages » *in* Les organisations, État des savoirs, Auxerre, Éditions Sciences Humaines, 173-178, 1999 .

BERGERET J., *La personnalité normale et pathologique*, Paris, Dunod, 1985.

BALICCO C., *Les méthodes d'évaluation en Ressources Humaines. La fin des marchands de certitude*, Paris, Éditions d'Organisation, 1997.

BALICCO C., « La programmation neuro-linguistique ou l'art de manipuler ses semblables », *in* Sciences et Pseudo-sciences (Association Française pour l'Information Scientifique), n° 243, 10-18, 2000.

BIHAN (Le) C., *Les grands problèmes de l'éthique*, Paris, Seuil, 1997.

BLANCHET A., « Pragmatique et Psychopathologie », *in* WIDLÖCHER D. *Traité de psychopathologie*, Chapitre 29, 883-919, Paris, P.U.F., 1994.

BONIS DE. M., FARGEAS X., « Les modèles computationnels », *in* WIDLÖCHER D. *Traité de psychopathologie*, Chapitre 8, 223-249, Paris, P.U.F., 1994.

BOURDIEU P., *La noblesse d'État. Grandes écoles et esprit de corps.* Éditions de minuit. Paris, 1989.

BRODSKY C.M., *The Harassed Worker*, D.C Health and Company, Lexington, 1976.

BRUCHON-SCHWEITZER M., « Les problèmes d'évaluation de la personnalité aujourd'hui » *in L'orientation scolaire et professionnelle*, 1994, 23, n° 1, 35-57

DEJOURS C., *Souffrance en France*, Paris, Le Seuil, 1998.

DEJOURS C., « Désolation et Harcèlement moral », *in* Le Monde Économie, 20/04/01.

EIGUER A., *Le pervers narcissique et son complice*, Paris, Dunod, 1989, 1996.

EIGUER A., *Des perversions sexuelles aux perversions morales. La jouissance et la domination.* Éditions Odile Jacob, Paris, 2001.

GOLDSMITH E., MANDER J., (Sous la direction de –), *Le procès de la mondialisation*, Paris, Fayard, 2001.

HANUS M., *Psychiatrie intégrée*, Maloine, Paris, 1984

HIRIGOYEN M.F., *Le harcèlement moral. La violence perverse au quotidien*, Paris, Syros, 1998.

HIRIGOYEN M.F., *Malaise dans le travail*, Paris, Syros, 2001.

IONESCU S., JACQUET M-M., LHOTE C., *Les mécanismes de défense. Théorie et clinique.* Paris, Nathan, 1997.

KARAZEK R., in ANDRÉ C. et al., *Le stress*, Paris, Éditions Privat, 1998.

KIECOLT-GLASER J.K., GLASER R., « Psychosocial factors, Stress, Disease and Immunity », in ADER. R., FELTEN D.L., COHEN. N., (Edit.) Psychoneuroimmunology, Chapitre IV, 847-867, New York, Academic Press, 1991.

LAMOUREUX C., « Psychologie organisationnelle et nouveaux paradigmes de gestion in Travail, vers un nouveau modèle de management ? » in Psychology Europe, Science and Profession, n° 4, Vol. II, 29-36, Marseille, Hommes et Perspectives, 1993.

LAPLANCHE J., et PONTALIS J.B., *Vocabulaire de la psychanalyse*, P.U.F, Paris, 1984 (8ème édition).

© Éditions d'Organisation

LAZARUS R.S., FOLKMAN S., *Stress, Appraisal and Coping*, Springer, New York, 1984.

LAZARUS R.S., « Theory-based stress measurement ». *Psychological Inquiry*, 1, 3-13, 1990.

LEYENS J.F., *Sommes-nous tous des psychologues ?* Liège, Pierre Mardaga Éditeur, 1993.

LEYMANN H., *Mobbing, la persécution au travail*, Paris, Seuil, 1996.

MERTON R.K., « The self-fulfilling prophecy », *Antioch Review*, 1948, 8, 193-210.

MILGRAM S., *Obedience to authority.* Harper and Row, New-York, 1974. *Soumission à l'autorité*, pour la traduction française, Paris, Calmann-Levy, 1974.

PERRON R., *Une psychanalyse, pourquoi ?* Paris, Inter-Editions, 2000.

MINTZBERG H., *Le Management. Voyage au centre des Organisations.*, Paris, Les Éditions d'Organisation, 1990.

REY A., (Sous la direction de –) Dictionnaire Historique de la langue française. Paris. Le Robert, 1992, 1998 pour la seconde édition.

ROCHAT F., « How did they resist authority ? Protecting refugees in Le Chambon during World War II. » Communication présentée à la Convention de l'Association Américaine de Pychologie, 1993.

STEIN M., MILLER A.H., TRESTMAN R.L., « Depression and the human system », *in* ADER. R., FELTEN D.L., COHEN. N., (Edit.) Psychoneuroimmunology, Chapitre IV, 897-930, New York, Academic Press, 1991.

SUN TZU, *L'art de la guerre*, Paris, Champs Flammarion, 1972.

TOUZARD H., Conflits et négociation, in LEVY-LEBOYER C. & SPERANDIO J.C. *Traité de psychologie du travail.* Chapitre XL, 789-812, Paris, P.U.F, 1987.

WATZLAWICK P., *Comment réussir à échouer,* Paris, Seuil, 1986.

WEBER M., *Le savant et le politique*, Paris, Presses Pocket, 1974.

ZARIFIAN E., *Des paradis plein la tête*, Paris, Éditions Odile Jacob, 1994.

www.ingramcontent.com/pod-product-compliance
Lightning Source LLC
Chambersburg PA
CBHW070307200326
41518CB00010B/1923